我等《われら》は　姿無《すがたな》きが故《ゆえ》に
それを畏《おそ》れ

BLEACH 1

THE DEATH AND THE STRAWBERRY

KUBOTITE

JUMP COMICS

BLEACH 1

THE DEATH AND THE STRAWBERRY

CONTENTS

1.Death&Strawberry　デス・アンド・ストロベリー　5

2.Starter　スターター　61

3.Headhittin'　ヘッドヒッティン　85

4.WHY DO YOU EAT IT ?　ホワイ・ドゥ・ユー・イート・イット?　107

5.Binda•blinda　バインダ・ブラインダ　127

6.microcrack.　マイクロクラック　147

7.The Pink Cheeked Parakeet　ザ・ピンク・チークト・パラキート　167

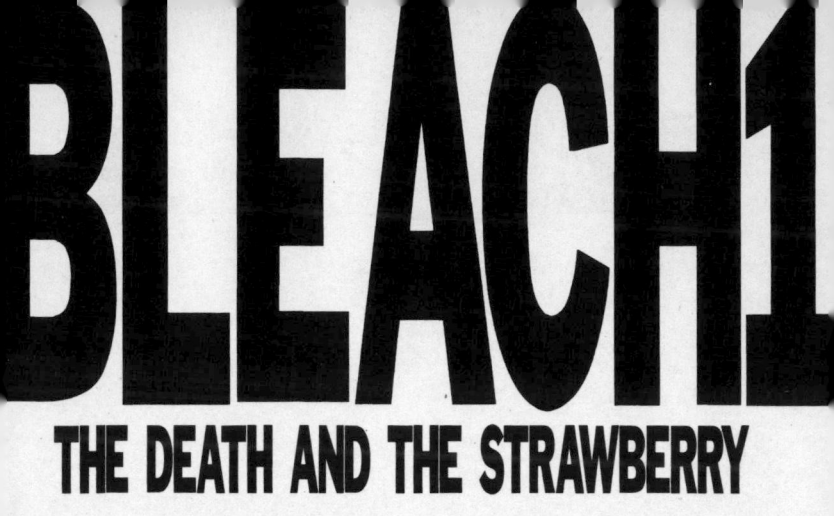

空座町《カラクラチョウ》　午前《ごぜん》二時《じ》二十三分《ぷん》　金曜日《きんようび》
この辺《あた》りか…
──成程《なるほど》…強《つよ》い魄動《はくどう》を感《かん》じる…。
1. Death《デス》 &《アンド》 Strawberry《ストロベリー》
斯《か》くて刃《やいば》は振《ふ》り下《お》ろされる。

ブリーチ

1. Death《デス》 &《アンド》 Strawberry《ストロベリー》

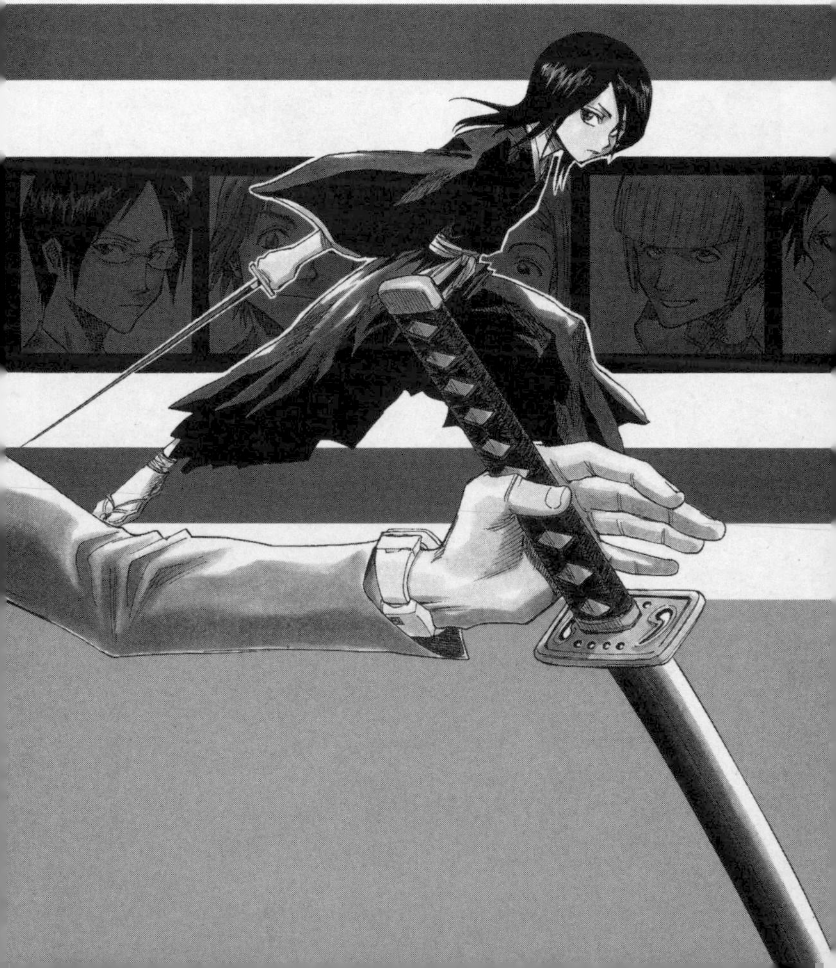

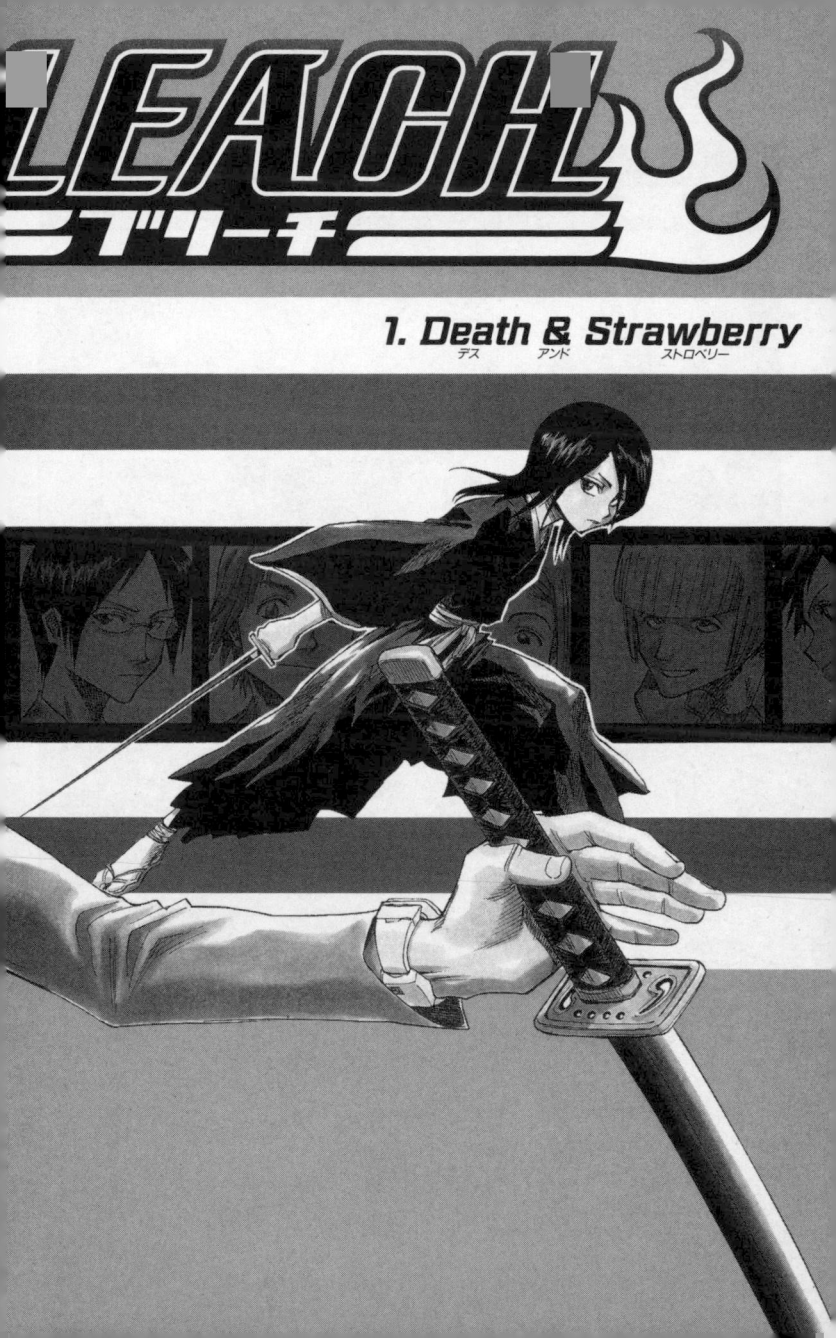

空座町《カラクラチョウ》　午後《ごご》七時《じ》十三分《ぷん》　金曜日《きんようび》
何《なん》だァ!?
イキナリ出《で》てきて山《やま》ちゃん蹴倒《けたお》しといてその上《うえ》 俺《おれ》らにココをどけだァ!?
何考《なにかんが》えてんだてめぇ?
死《し》ぬか?
あァ!?
黒崎一護《くろさきいちご》／15歳《さい》
髪《かみ》の色《いろ》／オレンジ
瞳《ひとみ》の色《いろ》／ブラウン
職業《しょくぎょう》／高校生《こうこうせい》
何《なん》とか言《い》えこの…
特技《とくぎ》／

おブッ
ああッ！
ドウ…ッ
トシりんがやられた!!
な…何《なん》だか知《し》らんがヤベェ…
あんな理不尽《りふじん》な暴力《ぼうりょく》見《み》たことねぇ…
あいつ絶対《ぜったい》アレだ…
あんなのと闘《や》ったら確実《かくじつ》に殺《と》られる…！
ギャーギャーうるせえ!!
おフッ
オマエら全員《ぜんいん》アレ見《み》ろ!!

問《とい》1!!
アレは一体《いったい》何《なん》でしょうか!?
ハイそこの一番臭《いちばんくさ》そうなオマエ!!
え…? お…俺《おれ》?
クサそう
あ…あの…
こないだココで死《し》んだガキへのお供《そな》え物《もの》…
大正解《だいせいかい》!!
ミツちゃーん!!
問《とい》2!!!
大丈夫かミッちゃん!
ミッちゃん!!
じゃあ どうしてあの花瓶《かびん》は…
倒《たお》れてるんでしょうか?
黒崎一護《クロサキイチゴ》/15歳《さい》
髪《かみ》の色《いろ》/オレンジ
瞳《ひとみ》の色《いろ》/ブラウン
職業《しょくぎょう》/高校生《こうこうせい》
特技《とくぎ》/
そ…それは…
俺《おれ》らがスケボーしてて倒《たお》しちゃったから…?
そうか…

“ユウレイが見《み》える”

それじゃコイツに謝《あやま》んなきゃなァ!?
ごめんなさいごめんなさい!!
ごめんなさいもうしませんごめんなさーい!!
ふ――――……
こんだけ脅《おど》しときゃもう ここには寄《よ》りつかんだろ
悪《わる》かったなこんな風《ふう》に使《つか》って
ううん
あの人達《ひとたち》追《お》っ払《ぱら》ってってお願《ねが》いしたのあたしだもん
このぐらい協力《きょうりょく》しなきゃ

さて・と
それじゃな
新《あたら》しい花《はな》は
近《ちか》いうちに
持《も》ってきてやるよ
…うん
ありがとう
おにいちゃん
これで静《しず》かに
過《す》ごせるよ
どういたしまして
早《はや》目《め》に成仏《じょうぶつ》しろよ——
そう
俺《おれ》はユウレイの見《み》える男《おとこ》
実家《じっか》は町医者《まちいしゃ》
人様《ひとさま》の命《いのち》を
あずかったり
あずからなかったり
そのせいかどうかは
知《し》らないが
とにかく
物心《ものごころ》ついた頃《ころ》には
あたりまえのように
ユウレイが見《み》えてた
ギィ
ただいまァ
遅《おそ》——い!!!

今何時《いまなんじ》だと
思《おも》ってんだ
この不良息子《ふりょうむすこ》！
ウチの夕食《ゆうしょく》は
毎晩《まいばん》7時《じ》と
決《き》まっとるだろうが!!
てめぇ！これが必死《ひっし》こいて
除霊《じょれい》して帰《かえ》ってきた
息子《むすこ》に対《たい》するアイサツか!!
やかましい！
どんな理由《りゆう》があろうと
我《わ》が家《や》の鉄《てつ》の団欒《だんらん》を乱《みだ》す者《もの》には
血《ち》の制裁《せいさい》を下《くだ》すのみ!!
ゴッ
それとも何《なに》か？
また自分《じぶん》だけ
ユウレイに触《さわ》ったり
会話《かいわ》したり
できることを
暗《あん》に自慢《じまん》してん
のか!?
うるせえ！
俺《おれ》だって
好《す》きこのんで
こんな体質《たいしつ》に
生《う》まれたんじゃ
ねえや!!
うらやま
しいんだよ
てめぇ!!
もーー
やめなよ
二人《ふたり》ともー
ゴハン
冷《さ》めちゃうよー
ほっときな
ユズ
おかわり
大体《だいたい》この家《いえ》はな！
ルールがキツすぎ
なんだよ!!
どこの世界《せかい》に健全《けんぜん》な
男子高校生《だんしこうこうせい》を毎日《まいにち》7時《じ》に
帰宅《きたく》させる家《いえ》が…
あ
おにいちゃん
もう新《あたら》しいヒト
ついてるよ
ああッ！
こいつ！
いつの間《ま》に!!
祓《はら》っても祓《はら》っても
すぐコレだ!!
ちくしょー!!
見《み》える触《さわ》れる
喋《しゃべ》れる上《うえ》に
超A級《ちょうエーきゅう》霊媒体質《れいばいたいしつ》の
四重苦《よんじゅうく》。
大変《たいへん》だねぇ
一兄《イチニイ》は
ハイスペックで
でもさー

ちょっと うらやましいよねぇ おにいちゃん
あたしなんて ボンヤリとしか 見《み》えないもん
ハッキリ見たいよ
べつに——
あたし幽霊《ゆうれい》とか そういうの 信《しん》じてないから
え——っ でも 夏梨《カリン》ちゃんだって 見《み》えてるでしょ?
見えないのお父さんだけだもんね
バカ
見《み》えようが何《なに》しようが 信《しん》じてなけりゃ いないのと同《おな》じ
ヒョオオオオオ
それよりさ 新《あたら》しい企画《きかく》 考《かんが》えたんだけど
きいて
"初夏《しょか》の風《かぜ》とともに ユウレイと 戯《たわむ》れてみませんか" 5月限定企画《がつげんていきかく》 『軽井沢《かるいざわ》 ゴーストピクニック』
先月《せんげつ》は お花見《はなみ》 だったね
夏梨《カリン》!!
俺《おれ》で金《かね》もうけ しようとすんな!!
スキあり イ!!
?
ホントウに 物心《ものごころ》ついた頃《ころ》には あたりまえのように ユウレイが見《み》えてた
普通《ふつう》の人間《にんげん》を 見《み》るのと 同《おな》じように

だから
もういい！俺《おれ》は寝《ね》る!!
あっ！おにいちゃん!!
あーあ 行《い》っちゃったよ
お父《とう》さんのせいだからね
な…なんでだよォ!!
お兄《にい》ちゃん最近大変《さいきんたいへん》なんだからね！
「前《まえ》よりたくさん霊《れい》が寄《よ》ってくるようになった」って困《こま》ってるんだから！
何《なに》っ!!
あいつ お前《まえ》にはそんなことまで話《はな》すのか!!
あとで部屋《へや》にゴハン持《も》ってってあげよっと
あいつめ…父《とう》さんには悩《なや》みなど話《はな》してくれないくせに…
あたりまえだわ
40過《す》ぎてまでこんな幼稚《ようち》なコミュニケーション手段《しゅだん》しか持《も》たんような父《ちち》じゃあたしだって悩《なや》みなんか相談《そうだん》しないっての
MASAKI FOREVER
母《かあ》さん…
このごろ思春期《ししゅんき》なのか娘《むすめ》たちが父《とう》さんにヤケに冷《つめ》たいよ…
一体《いったい》どうしたら…
まず そのアホみたいな遺影《いえい》をはがすところから始《はじ》めろ。
"死神《しにがみ》"なんてものの存在《そんざい》は
15
まったく…
ウチの連中《れんちゅう》はどうしてこうそろいもそろって…
…？
黒揚羽《クロアゲハ》…？
何《なん》だコイツ？どこから入《はい》って——

考《かんが》えたこともなかったんだ
……な…
…

ザッ ザッ ザッ ザッ ザッ ザッ
トッ
近《ちか》い…!
ジャ…ッ
近《ちか》い…!じゃあるかボケェ!!
ズイブン堂々《どうどう》とした泥棒《どろぼう》じゃねぇか
あァ!?
近《ちか》い…!てのはアレか!金庫《きんこ》が近《ちか》いとかそういうアレか!!
???
き…貴様《きさま》…私《わたし》の姿《すがた》が見《み》えるのか…?
ていうか今《いま》蹴《け》り…
あ?
何《なに》ワケのわかんねぇこと言《い》ってやがんだ?
そんなもん見《み》えるに…

うるせぇぞ一護《いちご》！
2階《かい》でバタバタすんなァ!!
やかましい！これがバタバタせずにいられるか!!
見《み》ろコイツを！この家《いえ》のセキュリティはどうなってんだ!?
ん？
見《み》ろって…
何《なに》を見《み》るんだ？
──あ？
何《なに》ってこのサムライ姿《すがた》の…
無駄《むだ》だ
常人《じょうじん》に私《わたし》の姿《すがた》を見《み》ることなどできん
私《わたし》は───…
〝死神《しにがみ》〟だ。

……近《ちか》く……
濃《こ》い魂《たましい》……
…近《ちか》くにある…
……！
バリバリッ
バリッ
クキャ
…そうか
つまり
あんたは
死神《しにがみ》で…
一護がね 思いっきり ケッたの。
よしよし
ジゴウジトク だっつの
その「ソウル・ソサエティ」
とかいう所《とこ》から
はるばる
悪霊退治《あくりょうたいじ》に
やってきたって
ワケか
よし！
信《しん》じよう！

…って信《しん》じられるかボケェ!!
〈注〉ノリツッコミ時以外使用不可。
うおッ!?
貴様《きさま》…幽霊《ゆうれい》が見《み》えるくせに死神《しにがみ》の存在《そんざい》は信《しん》じぬというのか!
あたりめーだ!
生憎《あいにく》今《いま》まで死神《そんなもん》は一回《かい》も見《み》たことがねーんだよ
目《め》に見《み》えないモンは信《しん》じない主義《しゅぎ》なんでね
親父《おやじ》には見《み》えてなかったしテメーが人間《にんげん》じゃねーってトコまでは認《みと》めてやる
ただし死神《しにがみ》ゴッコはよそでやれ
わかったなクソガキ
ほざきおったな…
縛道《ばくどう》の一《いち》!
塞《サイ》!!

いててててぇッ!!
て…ッ
てめえ…
何《なに》しやがった…!
ドン!
フフ…
動《うご》けまい!
こいつは「鬼道《きどう》」といってな・
死神《しにがみ》にしか使《つか》えぬ
高尚《こうしょう》な呪術《じゅじゅつ》だ!
私《わたし》はこう見《み》えても
貴様《きさま》の10倍《ばいちか》近く
生《い》きておるのだ
それを
糞餓鬼《くそがき》だと?
本来《ほんらい》なら
貴様《きさま》のような輩《やから》は
殺《ころ》してやるのだが
一応霊法《いちおうれいほう》で
指令外《しれいがい》の人間《にんげん》を
殺《ころ》してはならぬことに
なっておるのでな
そうして動《うご》きを
封《ふう》じるだけで
勘弁《かんべん》してやる
感謝《かんしゃ》しろ
糞餓鬼《くそがき》
く…!!
コノヤロウ…
それから——……
…!
ちょっ…

な…？
い…
嫌《いや》です 私《わたし》は…
地獄《じごく》へはまだ 行《い》きたくない…！
臆《おく》するな
お主《ぬし》の 向《む》かう先《さき》は 地獄《じごく》ではない
尸魂界《ソウル・ソサエティ》だ
地獄《じごく》と違《ちが》って
気安《きやす》い処《ところ》ぞ。

……ど…
…どうなったんだ?今《いま》の奴《ユウレイ》…
「魂葬《こんそう》」という
ソウル・ソサエティに送《おく》ったのだ
貴様《きさま》らの言葉《ことば》では「成仏《じょうぶつ》」と言《い》ったかな
死神《しにがみ》の仕事《しごと》のうちの一つだ
信《しん》じる気《き》になったかどうかは…
…訊《き》くまでもないようだな
貴様《きさま》のような短慮《たんりょ》な餓鬼《がき》にも得心《とくしん》がいくよう易《やさ》しく図解《ずかい》してやる
黙《だま》って聞《き》け
いいか
この世《よ》には2種類《しゅるい》の魂魄《こんぱく》がある

一つは「整《プラス》」と呼《よ》ばれる通常《つうじょう》の霊《れい》
プラス
いい霊《れい》
貴様《きさま》が普段目《ふだんめ》にしている〝ユウレイ〟というやつは全《すべ》てこれだと断言《だんげん》していい
そして今《いま》一つが
ホロウ
わるい霊《れい》
「虚《ホロウ》」と呼《よ》ばれ生者《せいじゃ》・死者《ししゃ》の別無《べつな》く襲《おそ》って魂《たましい》を喰《く》らう
所謂《いわゆる》〝悪霊《あくりょう》〟だ
ここまでで何《なに》か質問《しつもん》はあるか？
えーっと
とりあえずオマエの絵《え》が異常《いじょう》にヘタな理由《りゆう》からきこうか
ああッ!!
畜生《ちくしょう》!!こっちが動《うご》けないのをいいことにー！
説明《せつめい》を続《つづ》けるぞ
男爵《バロン》閣下《かっか》
我々《われわれ》死神《しにがみ》の仕事《しごと》は2つ

一つは「整《プラス》」を
先《さき》の「魂葬《こんそう》」で
尸魂界《ソウル・ソサエティ》へと導《みちび》くこと
魂葬《こんそう》
ソウル ソサエティ～
そして 2つ目《め》が
「虚《ホロウ》」を 昇華《しょうか》・滅却《めっきゃく》することだ
ズポォ～
今回《こんかい》の私《わたし》の任務《にんむ》は これにあたる
……？
ちょっとまて
床でヒゲを ふきとってる。
オマエが その任務《にんむ》で ここに来《き》たってことは その「虚《ホロウ》」ってのは今《いま》 この近《ちか》くに いるってコトか？
そうなるな
バ…ッ バカかてめえ!? じゃあこんなトコ ウロウロしてねえで さっさとソイツ 片付《かたづ》けに行《い》けよ！
イヤ… それが…
先程《さきほど》から どういうわけか そいつの気配《けはい》を 全《まった》く感《かん》じなくなって しまったのだ…
な……
何《なん》だよソレ どういう…

──な…
…なんだ…?
今《いま》の…
まるで何《なに》か大《おお》きな力《ちから》に感覚《かんかく》を阻害《そがい》されているような…
おい!
おい死神《しにがみ》っ!!
何《なん》だ?
何《なん》だじゃねぇ!!
今《いま》のスゲー声《こえ》聞《き》こえなかったのか!?
ありゃ一体《いったい》何《なん》の声《こえ》だ!?
凄《すご》い声《こえ》?
そんなものいつ…

聞《き》こえた!!
これは…
間違《まちが》いなく『虚《ホロウ》』の声《こえ》!!
だがまだ何《なに》か…
見《み》えないフィルターがかかったように聞《き》こえる…
一体何《いったいなん》なのだ この感覚《かんかく》は!?
いや それよりも――
こいつは――
この『声《こえ》』に 死神《わたし》よりも早《はや》く気付《きづ》いたというのか…!?
きゃあっ!!
遊子《ユズ》の声《こえ》だ…!
おい! まてよ どこ行《い》く!?
さっきの声《こえ》が やっぱり「虚《ホロウ》」ってのの声《こえ》なのか!?

そうだ！
私《わたし》が片付《かたづ》けてくる！！
貴様《きさま》はここにいろ！！
バカ言《い》え！！
襲《おそ》われてんのは俺《おれ》の家族《かぞく》だぞ！？
解《と》けよこの術《じゅつ》！！
早《はや》く！！
何《なに》を言《い》っている！？
貴様《きさま》が来《き》ても何《なに》もできん！
死人《しにん》が一人《ひとり》増《ふ》えるだけだ！
私《わたし》に任《まか》せて大人《おとな》しくここに居《い》ろ！いいな！
ガチャ
!!
な…
何《なん》という霊圧《れいあつ》だ…！
これに今《いま》まで気付《きづ》かなかったとは……

私《わたし》は一体《いったい》どうしてしまったというのだ!?
…い……
一兄《イチニイ》……
…平気《へいき》…?
夏梨《カリン》!!
よかった… …こっちには来《き》てないんだ…
…突然《とつぜん》なんだ… 突然《とつぜん》お父《とう》さんが背中《せなか》から血《ち》・流《なが》して倒《たお》れて…
あたしもユズもびっくりしてる間《あいだ》に何《なに》かでっかいやつに襲《おそ》われて…
それであたし一兄《イチニイ》に知《し》らせなきゃって…
…思《おも》って…

何《なん》なんだろう
アレ…
あたしには少《すこ》し
見《み》えたけど…
父《とう》さんもユズも
見《み》えてない
みたいだった…
…一兄《イチニイ》は…
あいつに
見《み》つかる前《まえ》に…
早《はや》く…
……逃《に》げなよ……
——大丈夫《だいじょうぶ》
気《き》を失《うしな》った
だけだ
魂《たましい》も
まだ——
——よせ！
何《なに》をしてる!?
やめろ！
それは人間《にんげん》の力《ちから》では
決《けっ》して解《と》けん!!
無理《むり》をすれば
おまえの
魂《たましい》が——

――バカな――…
人間《にんげん》が鬼道《きどう》を自力《じりき》で解《と》くだと…？
そんなバカな話《はなし》聞《き》いたこともない…!!

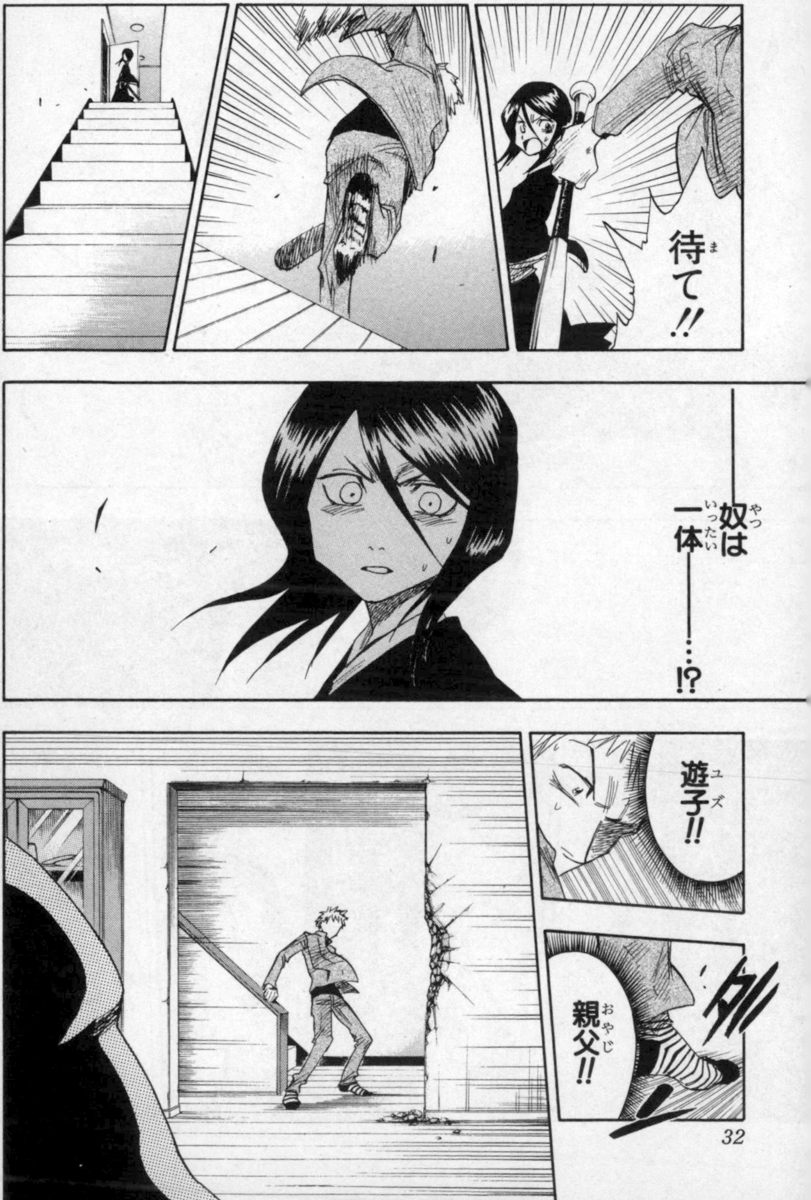

待《ま》て!!
奴《やつ》は一体《いったい》──……!?
遊子《ユズ》!!
親父《おやじ》!!
ダッ

──こ……
こいつが……
……『虚《ホロウ》』……!!

〝悪霊《あくりょう》〟っていうから人《ひと》の姿《すがた》してるとばかり思《おも》ってたのに…
…バケモノじゃねえか…!!
ガチッ
ガチガチガチ…
くそ…ッ!
なに震《ふる》えてんだ俺《おれ》は!!
怖《こわ》くねえ! あんなやつ怖《こわ》くねえぞ!!
ユウレイなんて腐《くさ》る程《ほど》見《み》てきたんだ! あいつも しょせんユウレイじゃねえか!!

遊子《ユズ》!!
…おにいちゃん…!

げほっ
は…っ
…………!!

遊子《ユズ》!!

遊子《ユズ》！
大丈夫《だいじょうぶ》か おい!?
狼狽《うろた》えるな 小僧《こぞう》！
貴様《きさま》の家族《かぞく》は まだ誰一人《だれひとり》 奴《やつ》に魂《たましい》を喰《く》われては おらん！
誰一人《だれひとり》……？
ああ あそこに倒《たお》れている父親《ちちおや》もだ！
ちょ…っ ちょっとまてよ！
「虚《ホロウ》」ってのは 魂《たましい》を食《く》うために 人《ひと》を襲《おそ》うんじゃ なかったのかよ!?
それじゃ あいつは 何《なん》のために ウチの連中《れんちゅう》を…
…虚《ホロウ》は より霊的濃度《れいてきのうど》の 高《たか》い魂《たましい》を求《もと》めて 彷徨《さまよ》っている…
そのために 無関係《むかんけい》な人間《にんげん》を襲《おそ》う というのは 間々《まま》あることだ
……どういう……
──私《わたし》は… 死神《しにがみ》が見《み》え 鬼道《きどう》を自力《じりき》で破《やぶ》る 人間《にんげん》など…
それ程《ほど》に 霊的濃度《れいてきのうど》の 高《たか》い魂《たましい》を持《も》った 人間《にんげん》などは…
今《いま》までに 見《み》たことも聞《き》いたことも なかった…

…恐《おそ》らく
奴《やつ》の狙《ねら》いは──
──貴様《きさま》だ！
…………！
ババァッ
ハアッ
メリ…ッ
…ハァァ
アアア……
…ちょっとまてよ…
俺《おれ》を狙《ねら》って
来《き》ただと…？
それじゃ これは
俺《おれ》のせいだって
ことか…？
親父《おやじ》がそこで
死《し》にかけてんのも…
夏梨《カリン》や遊子《ユズ》が
血《ち》だらけに
なってんのも…
全部《ぜんぶ》…
待《ま》て
──私《わたし》は別《べつ》に
そんなつもりで

…死神《しにがみ》…!
ヴァァァァ
…いいかげんに…
…しやがれ…!!

く………
敵前《てきぜん》で背後《はいご》への集中《しゅうちゅう》を怠《おこた》るとは…迂闊《うかつ》だった
無様《ぶざま》な…
!!
よォ…
おまえ…
俺《おれ》の魂《たましい》が欲《ほ》しいんだろ…?

だったら俺《おれ》と
サシで勝負《しょうぶ》しろ!!
外《ほか》の連中《れんちゅう》は
関係《かんけい》ねェ!!
俺《おれ》を殺《ころ》して
奪《うば》ってみろよ!!
莫迦者《ばかもの》が!!

パパッ..
——な……
死神《しにがみ》!!
はあッ
なッ
…この…
たわけが…ッ

貴様《きさま》の力《ちから》では
敵《かな》わんということは
先刻《せんこく》承知《しょうち》済《ず》みだろう…！
それとも
自分《じぶん》の魂《たましい》さえ
くれてやれば
全《すべ》て済《す》むとでも
思《おも》ったか…
どちらにしろ
たわけだ…！
……悪《わる》かった……
気《き》にするな…
…と言《い》いたい
ところだが…
ググ…ッ
残念《ざんねん》ながら
今《いま》の私《わたし》では
奴《やつ》とは戦《たたか》えそうも
ない……
──俺《おれ》はただ……
このままでは
全員《ぜんいん》…
奴《やつ》のエサに
なるのを
待《ま》つばかりだ
……
──俺《おれ》のせいだ──…！
みんな
死《し》んじまう…！
はあ
…家族《かぞく》を
助《たす》けたいか…？

!!
あるのか!?
助《たす》ける
方法《ほうほう》が!?
教《おし》えてくれ!!
一《ひと》つだけ
ある…
いや
正確《せいかく》には…
ググ…
一《ひと》つ・・・・・しかないと
言《い》うべきか…
貴様《きさま》が……
…死神《しにがみ》になるのだ!!

!!
な………
な…
何言《なにい》ってんだ…
そんなことが…
できる！
貴様《きさま》がこの斬魄刀《ざんぱくとう》を
胸《むね》の中心《ちゅうしん》に突《つ》き立《た》て…
そこに私《わたし》が
死神《しにがみ》の力《ちから》の半分《はんぶん》を
注《そそ》ぎ込《こ》むのだ！
そうすれば貴様《きさま》は
一時的《いちじてき》に死神《しにがみ》の力《ちから》を得《え》…
奴《やつ》とも互角《ごかく》に
戦《たたか》えるはずだ！
そんなことして
本当《ほんとう》に…
大丈夫《だいじょうぶ》なのか…？
…わからん
もちろん貴様《きさま》の
霊的資質《れいてきししつ》の高《たか》さを
見込《みこ》んでの計画《けいかく》だが…
オオオオオ
成功率《せいこうりつ》は
高《たか》くはないし…
失敗《しっぱい》すれば
死《し》ぬ…！
だが他《ほか》に
方法《ほうほう》は
無《な》いのだ!!
…迷《まよ》っている
暇《ひま》もな。
ドクン
ドクン…
ドクン
ドクン

…おにいちゃん…
!!
どこ……?
…おにいちゃん…
…遊子《ユズ》…
…怖《こわ》い夢《ゆめ》でも見《み》てるのか…
来《き》ちゃだめ…
危《あぶ》ないよ…
…早《はや》く逃《に》げて………
……おにいちゃん……

―ちくしょう…！
どうしてウチの連中《れんちゅう》はどいつもこいつも…
自分《じぶん》が死《し》にかけてる時《とき》に俺《おれ》の心配《しんぱい》なんかしてんだよ…！
…自分《じぶん》のことでビビってる俺《おれ》が……
ギ…ッ
―バカみたいじゃねぇかよ!!
死神《しにがみ》！刀《かたな》をよこせ
テメーのアイデアにのってやろうじゃねぇか！

〝死神《しにがみ》〟ではない
〝朽木《くちき》ルキア〟だ。
そうか…
…俺《おれ》は黒崎一護《くろさきいちご》だ
お互《たが》い最後《さいご》のアイサツにならないことを…
祈《いの》ろうぜ
『虚《ホロウ》』が来《く》るな…
急《いそ》がないと…

……いくぞ。
……ああ。

ド

…バカな…
半分《はんぶん》のつもりが…
…全《すべ》ての力《ちから》を奪《うば》い取《と》られてしまった……
しかもこの感覚《かんかく》は――……
…あの時《とき》の……
連中《れんちゅう》の気配《けはい》を全《まった》く感《かん》じなくなってしまったのだ…
フィルターがかかっているよ
聞《き》こえる…
これに今《いま》まで気付《きづ》かなかったとは!!
何《なに》か大《おお》きな力《ちから》に感覚《かんかく》を阻害《そがい》されているような――
あれはこいつだったのだ!!
あの部屋《へや》にはこいつから発《はっ》せられる霊圧《れいあつ》が満《み》ちていた…
それが私《わたし》の感覚《かんかく》をことごとく混乱《こんらん》させていたのだ…!

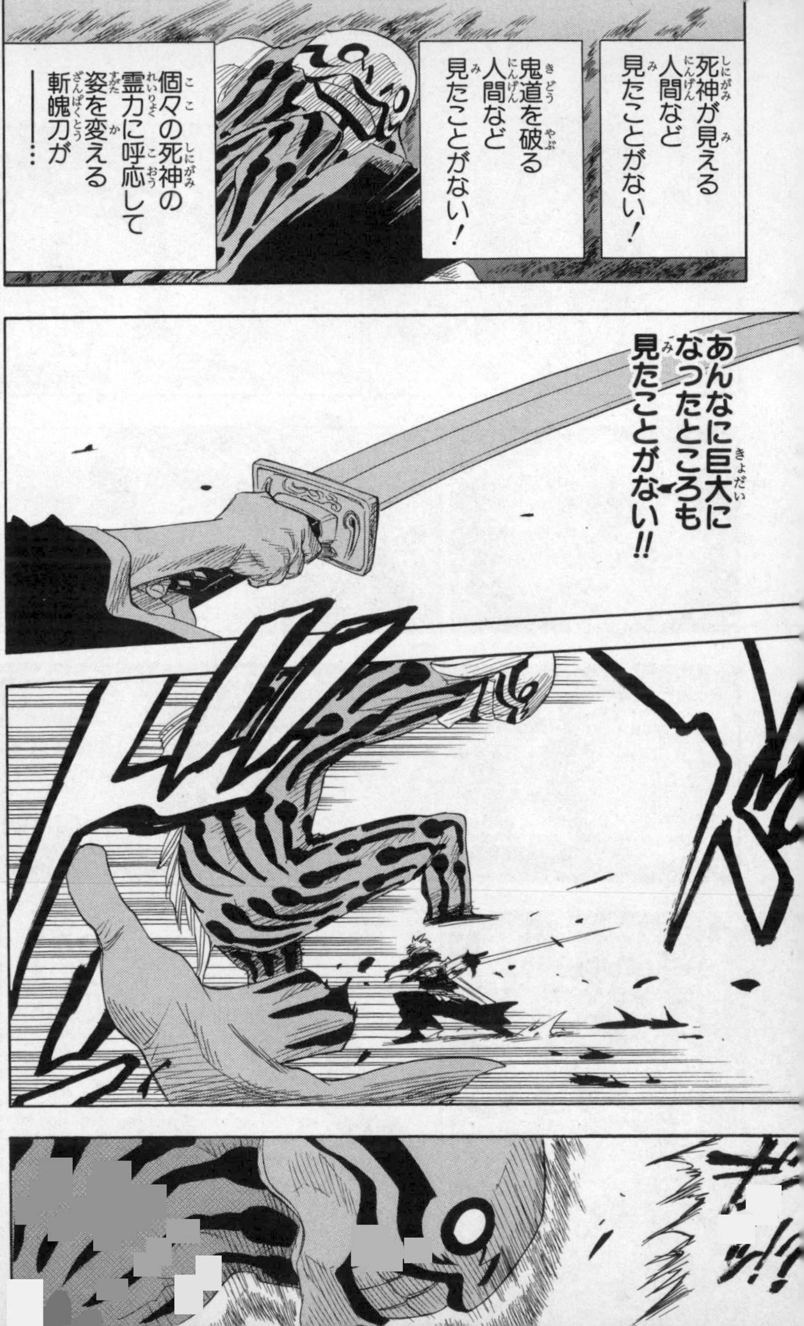
死神《しにがみ》が見《み》える人間《にんげん》など見《み》たことがない!
鬼道《きどう》を破《やぶ》る人間《にんげん》など見《み》たことがない!
個々《ここ》の死神《しにがみ》の霊力《れいりょく》に呼応《こおう》して姿《すがた》を変《か》える斬魄刀《ざんぱくとう》が——……
あんなに巨大《きょだい》になったところも見《み》たことがない!!

ウチの連中《れんちゅう》に手ェ上《あ》げた罪《つみ》を思《おも》い知《し》れサカナ面《ヅラ》!!
こいつは本当《ほんとう》に一体《いったい》――…

――何者《なにもの》なのだ……？

黒崎一護《クロサキイチゴ》/15歳《さい》
髪《かみ》の色《いろ》/オレンジ
瞳《ひとみ》の色《いろ》/ブラウン
職業《しょくぎょう》/
高《こう》校《こう》生《せい》:死《しに》神《がみ》

いてえ…
どういうコトだ
一護《いちご》オ……
ズルッ…
ズズ…
ズル…
いたいよ…
おにいちゃん…
2. Starter《スターター》
オマエが死神《しにがみ》になったら…俺達《おれたち》を助《たす》けられるんじゃなかったのかア～!?
いだいよ～～!!
すまん!
ん
ぺ
す
やっぱり手遅《ておく》れだった!
グッ
だと
てめえ!?
そんじゃ俺《おれ》
損《そん》
モーー
ニンッ

イッチ
ゴーーーッ!!
ギャーーー!!!
てめぇ…朝《あさ》っぱらから息子《むすこ》の寝首《ねくび》かこうたぁいい度胸《どきょう》じゃねぇか…!
ぐおお…!
…やるな息子《むすこ》…!
お…ッ
おまえに教《おし》えることはもう何《なに》もない…ッ!!
…おまえ
…ケガはどうした?
ケガ?
何《なん》だそりゃ?
俺《おれ》がいつケガなんかしたんだ?

BLEACH
ブリーチ

2. Starter
スターター

クロサキ医院
しかし奇跡《きせき》だよな！トラックが家《いえ》にツッ込《こ》んで一家全員無《いっかぜんいんむ》キズなんてな！
それでも誰一人《だれひとり》起《お》きてこなかったってことの方《ほう》が奇跡《きせき》だけどね！
あ　おにいちゃんゴハンできてるよ
何言《なにい》ってんの　おかげで犯人《はんにん》とり逃《に》がしちゃったんでしょ
ホントにこの家の連中はもー
…どういうコトだ…？
大丈夫《だいじょうぶ》！そのうち犯人《はんにん》が謝《あやま》りに来《く》るさ！
早《はや》く食《た》べないとチコクしちゃうよー？
来《く》るわけねーだろ！
全員《ぜんいん》傷《きず》はキレイに消《き》えてるし…
家《いえ》のダメージは事故《じこ》のせいだと思《おも》い込《こ》んでる…
…死神流《しにがみりゅう》のアフターケアってやつか…？
——あいつは…
尸魂界《ソウル・ソサエティ》とかいうところへ帰《かえ》ったのか……

空座第一高等学校《からくらだいいちこうとうがっこう》　午前十時四十三分《ごぜんじゅうじしじゅうさんぷん》
ぼへ——
は——っ
こらァ口《くち》あいてるぞ！
いい若《わか》いモンがまた昼間《ひるま》からボ——ッとして！

小島《こじま》くん
どういうこと? そういや小島《こじま》 いつも一護《いちご》と いっしょに 来《き》てるよね
こーんなの
うん
今朝《けさ》も 寄《よ》ったんだけど 家《いえ》にでっかい 穴《あな》があいててさ
なんか夜中《よなか》に トラックに 突《つ》っ込《こ》まれたって 言《い》ってた
オジサンが。
トラックぅ!?
じゃあ何《なに》? あいつケガしたの!? それとも
死《し》ん…
でねえよ
ウチの連中《れんちゅう》は 全員《ぜんいん》無《む》キズだ 残念《ざんねん》だったな
黒崎《くろさき》くん!
お…ッ おおお おはよう!
今日《きょう》も 幸《しあわ》せそうだな 井上《いのうえ》
お…?
おうっ
来《き》たんだね 家《いえ》の修理《しゅうり》 手伝《てつだ》ってたの?
まあな 3限《げん》は?
現国《げんこく》
越智《おち》サンか まー あの人《ひと》なら ゴチャゴチャ きいてこねーだろ
貴様《きさま》…
…あなたが 黒崎《くろさき》くん?
ガタッ

よろしく！
あ
彼女《かのじょ》 今日《きょう》から来《き》た 転入生《てんにゅうせい》の朽木《くちき》さん
こんなハンパな時期《じき》だけど 家庭《かてい》の事情《じじょう》で急遽《きゅうきょ》 引《ひ》っ越《こ》してきたらしくて…
だらだら だら
て…ッ てめえ なんで…
？
どうしたの？
貴《き》さ…
黒崎《くろさき》くん 私《わたし》まだ教科書《きょうかしょ》とか ないの
スッ
…あなたのを いっしょに 見《み》せてもらっても いいかしら？
さわいだら 殺す
ド
ね！
……ど……ッ

どういうつもりだ この野郎《やろう》…ッ!!
どこまで行《い》くつもり？
こんな人気《ひとけ》のない所《ところ》に連《つ》れ込《こ》むなんて 私《わたし》何《なに》かされるのかしら？
その気色悪《きしょくわる》い喋《しゃべ》り方《かた》はやめろ！
気色悪《きしょくわる》い？
心外《しんがい》ね 一晩《ひとばん》で修得《しゅうとく》したにしては上出来《じょうでき》じゃなくて？
うるせ！ どういうつもりか説明《せつめい》してもらおうか！
説明《せつめい》？
そうだ！
てめえの仕事《しごと》はもう済《す》んだんだろ!?
それが なんでウチのクラスに潜《もぐ》り込《こ》んでる？
尸魂界《ソウル・ソサエティ》とかいう所《ところ》に帰《かえ》ったんじゃなかったのかよ!?
たわけ！ ソウル・ソサエティに戻《もど》れるのは死神《しにがみ》だけだ！
今《いま》の私《わたし》にはあそこへ戻《もど》る術《すべ》がない
あん？ どういう――…

私《わたし》が……
死神《しにがみ》の力《ちから》を失《うしな》ったからだ!
!?
……な……
で…でも俺《おれ》はもう死神《しにがみ》じゃねえぞ!? ドコいったんだその“死神《しにがみ》の力《ちから》”は?
キモノじゃねえし
おまえの“中《なか》”だ
おまえの“肉体《にくたい》”ではなく“魂《たましい》”が死神化《しにがみか》しているのだ
…………
とにかく!
昨夜《さくや》のあの時《とき》私《わたし》の力《ちから》は殆《ほとん》ど貴様《きさま》に奪《うば》われてしまったのだ!
私《わたし》に残《のこ》っているのはわずかな鬼道《きどう》を使《つか》う力《ちから》のみ…
今《いま》もこうして義骸《ぎがい》に頼《たよ》らねばならんほどだ!

ギガイ…？
緊急用《きんきゅうよう》に我々《われわれ》死神《しにがみ》に支給《しきゅう》されている仮《かり》の肉体《にくたい》のことだ
極度《きょくど》に弱体化《じゃくたいか》した死神《しにがみ》はこれに入《はい》って力《ちから》の回復《かいふく》を待《ま》つのだ
その体《からだ》がそうなのか？
人型《ひとがた》なのか
そうだ
弱体化《じゃくたいか》した死神《しにがみ》は虚《ホロウ》に狙《ねら》われやすいからな
人間《にんげん》のフリをしている
…だから クラスの連中《れんちゅう》にもこいつの姿《すがた》が見《み》えてたのか…
……で？
その弱《よわ》りきった死神《しにがみ》サマが俺《おれ》に何《なん》の用《よう》だ？
ピーン
それだ！
本題。
貴様《きさま》にはこれから私《わたし》の力《ちから》が戻《もど》るまでの間《あいだ》
死神《しにがみ》としての仕事《しごと》を手伝《てつだ》ってもらう！
あァ!?
当《あた》り前《まえ》だろう 今《いま》死神《しにがみ》の力《ちから》を持《も》ってるのは貴様《きさま》なのだから
もちろん私《わたし》が補助《ほじょ》はする
言《い》っておくが貴様《きさま》に断《ことわ》る権利《けんり》はないぞ 元《もと》はと言《い》えば…

断《ことわ》る!
……何《なん》だと?
断《ことわ》るって言《い》ったんだ!
あんなバケモノと戦《たたか》うのなんて2度《ど》とゴメンだ
貴様《きさま》……
昨日《きのう》は!
ちょ…っ ちょっとまて!
…昨日《きのう》俺《おれ》があんなのと戦《たたか》えたのは…
襲《おそ》われてたのが俺《おれ》の身内《みうち》だったからだ
見《み》ず知《し》らずの他人《たにん》のためにあんなバケモノとなんて戦《たたか》えねえ!
俺《おれ》はそこまでやれるほどできた人間《にんげん》じゃねぇんだよ!!

期待《きたい》を裏切《うらぎ》るようで悪《わる》いけどな!
…そうか…
──ならば致《いた》し方《かた》ない!
!?
何《なに》を──…
!?
おわあッ!?
何《なん》だこりゃ!? タマシイが抜《ぬ》けてやがる!!
おいっ! しっかりしろ俺《おれ》の本体《ほんたい》!!
おい
ついて来《こ》い!

……おい
待《ま》て もうじきだ
もう20分《ぷん》も…
何《なに》がもうじきなんだよ!?
この公園《こうえん》の近《ちか》くに霊《れい》は出《で》るのか?
あ———
そういや出《で》るな
どんな奴《やつ》だ?
5歳《さい》ぐらいのガキだ
こんぐらいの背の
いつも12時近《じちか》くになるとこの公園《こうえん》で遊《あそ》んでんだ
友達《ともだち》か
何《なん》でだよ 3・4回《かい》見《み》かけただけだ
喋《しゃべ》ったこともねー
それがどうしたっていう…
スッ

弓沢児童公園
20m
12:00p.m.
+-15min
?
何《なん》だこりゃ?
尸魂界《ソウル・ソサエティ》からの指令《しれい》だ
午後《ご ご》12時《じ》前後《ぜん ご》15分《ふん》弓沢《ゆみざわ》児童公園《じ どうこうえん》から半径《はんけい》20m《メートル》以内《い ない》に
「虚《ホロウ》」が出現《しゅつげん》するという意味《い み》だ
恐《おそ》らく
その子供《こ ども》が襲《おそ》われる
!!
──!
うわあああああ!!

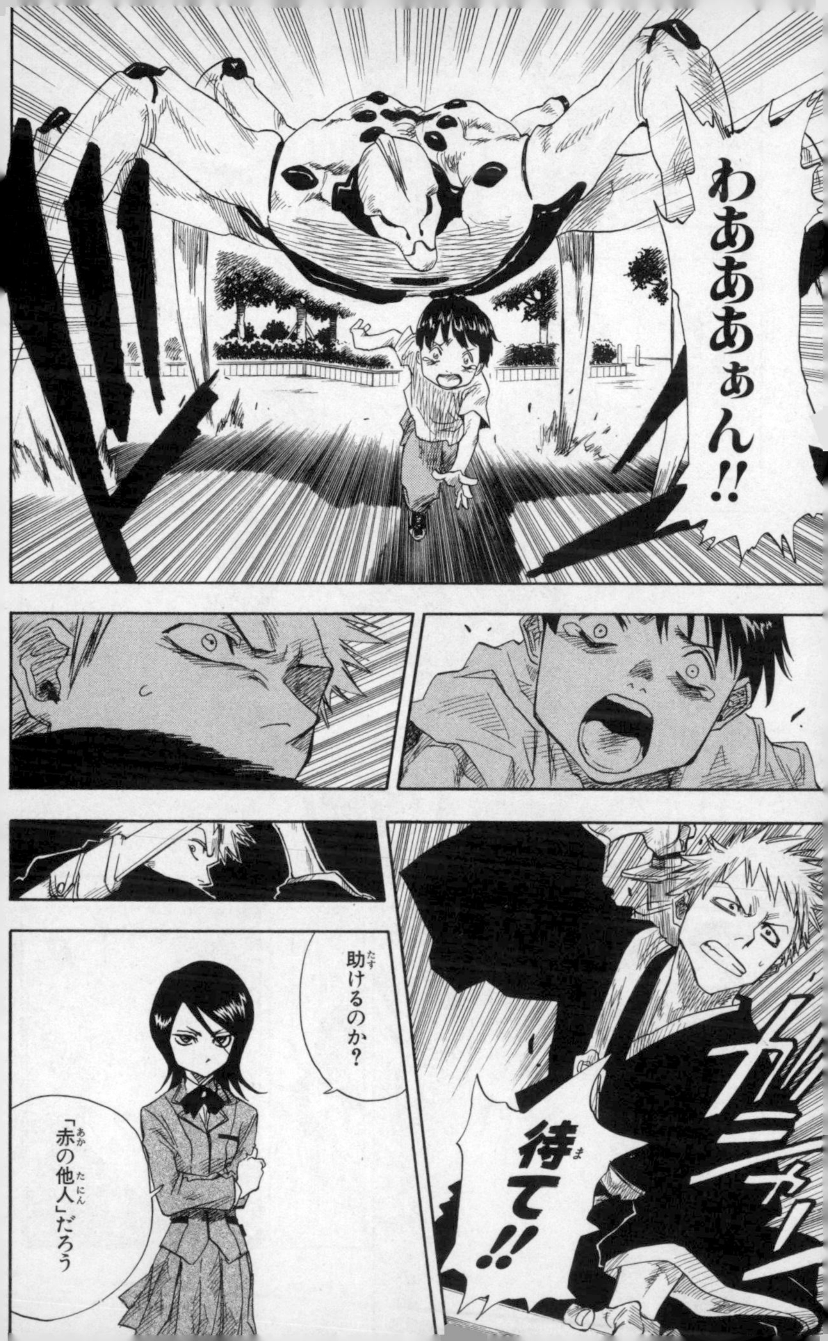
わあああぁぁん!!
ガシャッ
待《ま》て!!
助《たす》けるのか?
「赤《あか》の他人《たにん》」だろう

な…何《なに》言《い》ってんだてめぇ!?
他人《たにん》でも目《め》の前《まえ》で襲《おそ》われてんのに助《たす》けないなんてできるわけ…
目《め》の前《まえ》だろうがどこか遠《とお》くだろうが!
襲《おそ》われるという事実《じじつ》に変《か》わりはない!
!
あうっ!
助《たす》けるな!
今《いま》ここでその子供《こども》を助《たす》けても
貴様《きさま》が死神《しにがみ》としての己《おのれ》を自覚《じかく》しなければ同《おな》じこと!
目《め》の前《まえ》で襲《おそ》われているから助《たす》けるだと!?
甘《あま》ったれるなよ

死神《しにがみ》は全《すべ》ての霊魂《れいこん》に平等《びょうどう》でなければならぬ！
手《て》の届《とど》く範囲《はんい》目《め》に見《み》える範囲《はんい》だけ救《すく》いたいなどと都合《つごう》良《よ》くはいかぬのだ！
半端《はんぱ》な心持《こころも》ちでその子供《こども》を助《たす》けるな！
今《いま》そいつを助《たす》けるというのなら…
他《ほか》の全《すべ》ての霊《れい》も助《たす》ける覚悟《かくご》を決《き》めろ！
どこまでも駆《か》けつけ——
その身《み》を捨《す》てても助《たす》けるという覚悟《かくご》をな！
——!!

――身《み》を捨《す》てても…
……そうだ……
――俺《おれ》は――…
!
ザッ
…何《なん》だぁ？
てめ…
――!

ズェッ!!
うぎあああアアあア!!
——一護《いちご》…
…覚悟《かくご》は…
決《き》まったのか…?
パラ…
ゴチャゴチャうるせぇ!!
ひぃっ

覚悟《かくご》だとかそんなモン知《し》るか!!
俺《おれ》は助《たす》けたいと思《おも》ったから助《たす》けたんだよ!
悪《わり》ィか!!
ガタガタ
…な…!
てめぇは違《ちが》うのかよ!!
テメーは あの時《とき》体《からだ》張《は》って俺《おれ》を助《たす》けてくれた!!
あん時《とき》テメーは「死神《しにがみ》の義務《ぎむ》だから」とかそんなムズカシいこと考《かん》えて助《たす》けたのか!?
……!!
体《からだ》張《は》る時《とき》ってそんなんじゃねぇだろ!!
少《すく》なくとも俺《おれ》は…
違《ちが》う!!

…たしかに覚悟《かくご》はしてねー
ホントにヤバくなったら逃《に》げ出《だ》すかも知《し》れねー
俺《おれ》は赤《あか》の他人《たにん》のために命《いのち》を捨《す》てるなんて約束《やくそく》ができるほどリッパな人間《にんげん》じゃねぇからな…
…けど――
――残念《ざんねん》なことに受《う》けた恩《おん》を忘《わす》れてヘラヘラしてられる程《ほど》…
クズでもねぇんだよ!

手伝《てつだ》わせてもらうぜ!!
死神《しにがみ》のシゴトってやつを!!
イヤだっつってもやる!
――ああ
よろしくな。
センセー! 黒崎《くろさき》くんが倒《たお》れてまーす!!
なにッ!!
どこだ!?
バタバタバタ

くろさきくん
帰ってこないな――…
ベタ。
数学I

ラーは
ララーメンズの
ラー
シーは
品川庄司《しながわしょうじ》の
シー
さあ
うーたー…
3. Headhittin'《ヘッドヒッティン》

BLEACH ブリーチ

3. Headhittin'《ヘッドヒッティン》

…わかっているのよ お姉様《ねえさま》… 全《すべ》ては その匣《はこ》に かくされて いるのでしょう…？
お母様《かあさま》に託《たく》された その翡翠《ひすい》の 小匣《こばこ》に…
その匣《はこ》を わたして！ マリアンヌお姉様《ねえさま》！
さあ!!
だめよ！ その匣《はこ》を あけてはだめ！ フランソワ!!
ああっ…!!
コラァ！ 何《なに》してんだ てめえは!!
きゃあっ!!
SPEAKING IS NOT COMMUNICATION

たたたたわけ！
おどかすな!!
げ…現代語《げんだいご》の勉強中《べんきょうちゅう》だぞ!!
何《なに》が現代語《げんだいご》のベンキョウだ
そんなモンで勉強してたのか
人《ひと》に特訓《とっくん》とかさせといて自分《じぶん》はのほほんと恐怖《きょうふ》マンガ音読《おんどく》しやがって！
そんなモンどっからひろってきたんだ？
……む。
特訓《とっくん》は終《お》わったのか？
コショウ入《い》りボール100本《ぽん》ノックだろ？
終《お》わったぞ！
コショウの入《はい》ったボール延々《えんえん》100個割《こわ》り続《つづ》けるなんて一体何《いったいなん》の特訓《とっくん》だったんだコレ？
このヘンなピッチングマシーンもどっから持《も》ってきたんだか…
ランディー ジョンソン
たわけ！
コショウ入《い》りはハズレボールだけだっただろう！
ハズレボール？
そうだ！
…………
…………
…まさか…1つのこらず叩《たた》いたんじゃあるまいな
おう！
カンペキよ！
たわけ！
あれほど頭《あたま》の描《か》かれたボールだけ狙《ねら》えと言《い》っただろう!!
何《なん》のための特訓《とっくん》だ!!
だから何《なん》の特訓《とっくん》かわかんねーって！
みぎて
あたま
そもそもテメーの絵《え》で頭《あたま》とソレ以外《いがい》を見分《みわ》けられるワケねーだろ!!

ドーはドランクドラゴンのドー♪
タンッ
タンッ
レーはエレキコミックのレー♪
ミーもエレキコミックのミー♪
ファーは…
アルファルファの……
ありゃ？
黒崎《くろさき》くんだ！

いいか！
虚《ホロウ》の弱点《じゃくてん》は頭《あたま》だ！
頭《あたま》さえ割《わ》れば一撃《いちげき》で倒《たお》せる！
これはどんな状況《じょうきょう》でも的確《てきかく》に虚《ホロウ》の頭《あたま》を狙《ねら》い打《う》ちする為《ため》の訓練《くんれん》だったのだ！
なんでそんなことしなきゃいけねーんだよ？
今《いま》までだってキッチリ倒《たお》してきてるじゃねーか
たわけ！貴様《きさま》が一度《いちど》でも虚《ホロウ》を一撃《いちげき》で倒《たお》したことがあったか!?
背後《はいご》から虚《ホロウ》に近付《ちかづ》き一撃《いちげき》で倒《たお》すのが虚退治《ホロウたいじ》のセオリーだ！
あんな戦《たたか》い方《かた》で貴様《きさま》が未《いま》だ無傷《むきず》でいられるのは奇跡《きせき》に近《ちか》いのだぞ!?
う…後《うし》ろからイキナリ斬《き》るなんてそんな汚《きた》ねぇマネできるかよ！
たわけ！
そういう考《かんが》え方《かた》は人間同士《にんげんどうし》の喧嘩《けんか》でしろ！
だが貴様《きさま》の相手《あいて》は虚《ホロウ》だ！
こちらの道理《どうり》は通用《つうよう》せん！
そんな甘《あま》いことを言《い》っていては貴様《きさま》が死《し》ぬことになるのだぞ！

…………………──…
…そんなこと…
こんにちは黒崎《くろさき》くんっ!!
びくぅ!!
うわあ!!
いっ…井上《いのうえ》か!
ななな何《なに》してんだこんなとこで!?
えへへ
ちょっと晩《ばん》ごはん用《よう》の買《か》い物《もの》でした
ネギとバターとバナナとようかんを買《か》ったの!
な…何《なに》を作《つく》る気《き》だろう…
黒崎《くろさき》くんはここで何《なに》してたの?
あ?俺《おれ》か?
俺《おれ》はえ──っと…
何《なん》て言《い》おう…特訓《とっくん》してましたなんてハズカシくて言《い》えねーしな─…

朽木《くちき》さん!?
むっ。
だれだ貴様《きさま》は?
バカ!
井上《いのうえ》だ!クラスにいただろ!
クラスに!?
あら井上《いのうえ》さんご機嫌《きげん》麗《うるわ》しゅう!
ピラッ
そうか…クラスの連中《れんちゅう》の前《まえ》ではそのキャラで通《とお》す気《き》か…
え…
あ…はいご機嫌《きげん》うるわしゅう?
ピラッ
テメーもつられてんじゃねえ!!
その腕《うで》…どうした?
え…
あ・これ?
ううん!はねられた!
またころんだのか?
○○○○○○○○○○○○○○○○○

は…はねられたぁ!?
車《くるま》にか!?
うん
ゆうべちょっと飲《の》み物《もの》買《か》いに出《で》かけた時《とき》にゴチーンて。
最近《さいきん》わりとよく はねられるんだよね
えへへ。

えへへじゃねぇだろ!

それって事故《じこ》じゃねえか! もっと怒《おこ》れよ!

でも車《くるま》の人《ひと》だってわざとはねたわけじゃないんだし…
井上《いのうえ》さんはよくケガするの?
よくなんてもんじゃねえよ! ほとんど毎日《まいにち》だ!
あたしってボーーッとしてるから…
だァから その諦《あきら》めたような言《い》い方《かた》はやめろっての!
ふーーん…
…なんだ
ただ抜《ぬ》けているだけか…
……

…その足《あし》の痣《あざ》は？
ちょっと見《み》ていい？
え？これ？
うん・別《べつ》にいいよ
これもゆうべできたから はねられた時《とき》に どっかにぶつけたんだと 思《おも》うけど…
！
…朽木《くちき》さん？
…どうしたの こわい顔《かお》して？
え？
あ・いや
痛《いた》そうだな…と 思《おも》って…
すごい！ よく わかるね！
ホント この包帯《ほうたい》のとこより 足《あし》の方《ほう》が痛《いた》いの！
SPEAKING IS NOT COMMUNICATION
あァ!?
オマエそれ マヒしてんじゃ ねぇのか!?
医者《いしゃ》行《い》けよ 医者《いしゃ》！
え?
…えーーっと…
…なんでソコで 照《て》れる？

あっ！
もう
こんな時間《じかん》！
何《なに》か
急《いそ》ぎか？
うん！
笑点《しょうてん》が
始《はじ》まっちゃう！
ヒョコ
ヒョコ
ヒョコ
大変《たいへん》そうだなー！
送《おく》ってって
やろうかー!?
え…
ええッ!?
い…いいよ
そんな!!
そうかーー！
んじゃ
明日《あした》なー！
え？
えと…
…うん！
明日《あした》ねっ！
…しまった…
つい
ビックリして
断《ことわ》っちゃった…
…あたしの
あほう…
黒崎《くろさき》くんも
あんなにあっさり
引《ひ》かなくても
いいのに…
ふぅ…
あいつ見《み》てると
危《あぶ》なっかしくて
疲《つか》れるなあ
ホントに
大丈夫かよ
…あの
井上《いのうえ》という
女《おんな》…
あん？
親《した》しいのか？

別《べつ》に？
まあ そこそこじゃねえか
近所《きんじょ》に住《す》んでるヤツの中《ちゅう》2の頃《ころ》からの親友《しんゆう》なんだよ あいつ。
…家族《かぞく》は？
……一人《ひとり》
年《とし》のはなれた兄貴《あにき》がいたよ
〝いた〟？
ああ。
3年前《ねんまえ》に死《し》んだ。
ドア開《あ》けたのが俺《おれ》だったからよく憶《おぼ》えてる
ちょうど学校《がっこう》に行《い》こうとしてた時《とき》でさ
まだ診療時間前《しんりょうじかんまえ》なのにインターホンが鳴《な》って
女《おんな》の子《こ》が自分《じぶん》の兄貴《あにき》を背負《せお》ってたずねてきたんだよ
交通事故《こうつうじこ》らしかった
血《ち》まみれで
ウチ程度《ていど》の設備《せつび》じゃどうにもなんなくて
大病院《だいびょういん》に移《うつ》そうと救急車《きゅうきゅうしゃ》の手配《てはい》をしてる間《あいだ》に死《し》んじまった

——って、
…まあ
そん時《とき》の栗毛《くりげ》のガキが
あいつだったってのは俺《おれ》も
最近《さいきん》知ったんだけどな
つーか こんなこと
訊《き》くなんてオマエ
ずいぶんあいつのこと
気《き》にしてんな
別《べつ》に。
気《き》になど
ならぬ
な…
なんだよ
そりゃ!?
さ！
我々《われわれ》も
帰《かえ》るぞ！
ちっ なんだよ ちくしょ
エラソーに
しやがって
よー
そういやオマエって
いつも どこに
帰《かえ》ってんだ？
こっちに住むとこなんか
ねえだろ
ア
何《なん》だ？
私《わたし》の私生活《しせいかつ》が
気《き》になるか？
べっ…
別《べつ》に気《き》になんか
なんねーよ!!
くるっ
なら
訊《き》くな。
ち…っ
ちくしょ〜
〜〜〜!!
先《さき》に
行《い》くぞー

バタバタバタ…
クロサキ医院
おに―――ちゃ―――ん！
ガチャ
あたしのワンピースしらない？
コラァ！ノックもせずに開《あ》けんなよ！
タンタンタン
あれ 下《した》にいたの
あ―――っ！おふろ！
あたしも入《はい》るんだったのにィ！
アホか。
オマエもう5年《ねん》だろ一人《ひとり》で入《はい》れるようになれ
おにいちゃん…高校《こうこう》入《はい》って冷《つめ》たくなったね！
なってない！
ポーッ
あとワンピースも知《し》らんぞ
え―――っ!!
パジャマも一《ひと》つないんだよォ！
それも知《し》らねっての！
だから何《なん》でオマエは何《なん》でもかんでも俺《おれ》に訊《き》きゃわかると思《おも》ってんだ？

ｏｏｏｏｏ――
ピピピピッ
！
ピピピピピピ
指令《しれい》か…
……場所《ばしょ》は……
ピッ
――!!

ピピピピッ
何《なん》だ？
こんな夜中《よなか》に
ピピピピピピピピ
遊子《ユズ》か夏梨《カリン》がゲームでもやってんのか？
まったく…
ピッ
お・
止《と》まった
一護《いちご》っ!!
うおわァ!!?
てててててめェ!!
いつからソコにいやがった!?
ていうかソレ遊子《ゆず》のパジャマじゃ……
すべて後《あと》にしろ！
指令《しれい》だ!!
指令《しれい》…!?
虚《ホロウ》が出《で》るってコトか!?
場所《ばしょ》は!?
時間《じかん》も場所《ばしょ》も…

今《いま》…
ここだ!!
…な…ッ

頭《あたま》を狙《ねら》え!!
わかってるよ!!

浅《あさ》い!!
—!!
おオオオオオオ
…逃《に》がしたか…!
追《お》うぞ!!
…まてよ!!

…どういうことだ…？
…今《いま》のは…
…井上《いのうえ》の兄貴《あにき》だった……！
背後《はいご》から一撃《いちげき》で頭《あたま》を割《わ》るのが虚退治《ホロウたいじ》のセオリーだと言《い》ったな…
戦《たたか》いに於《お》けるダメージを減《へ》らす為《ため》に…と
だが
それにはもう一《ひと》つもっと大《おお》きな理由《りゆう》がある
一撃《いちげき》で倒《たお》し…
虚《ホロウ》の正体《しょうたい》を決《けっ》して見《み》ぬようにするためだ！

虚《ホロウ》というのは全《すべ》て――
元《もと》は普通《ふつう》の人間《にんげん》の魂《たましい》だったものだからだ!!

小物シリーズ①

3話でルキアの読んでるマンガ。

「翡翠《ひすい》のエルミタージュ」。

作：初江《はつえ》まり江《え》

ソフトマゾのマリアンヌ（姉）と
ハードゲイのフランソワ（弟）が
母（52歳レスラー）にもらったヒスイの小匣を
めぐってアレコレする話。
超怖い。

虚《ホロウ》というのは全《すべ》て——
——元《もと》は普通《ふつう》の人間《にんげん》の魂《たましい》だったものだからだ！

BLEACH
ブリーチ
4.
WHY DO YOU EAT IT?
ホワイ
ドゥ
ユー
イート イット？
BIG MARBLE

ど……
どういうコトだよ！フツーの人間《にんげん》って！聞《き》いてねーぞそんなコト！
あいつらバケモンだろ!?倒《たお》さなきゃいけねーモンなんだろ!?
そうだ!!
今《いま》はもうバケモノだ！
倒《たお》さねばならない！
今《いま》はってことはやっぱり…
俺《おれ》が今《いま》まで斬《き》ってたのは…！
口論《こうろん》している暇《ひま》はない！
あの女《おんな》が――
死《し》ぬぞ。

バカじゃないのあんた!?
しっ…失敬《しっけい》な！
バカじゃないっすよ！
いーやバカよ！
そんなチャンスムダにするなんて！
や…やっぱりそうかなあ…
そーよ！
ガッ
そういう時《とき》は こーガッとイッキにいっとくの！
ガッと…？
ずず
そ！
「送《おく》ってやろうか？」って言《い》われたら当然《とうぜん》「うん！」そして足《あし》の痛《いた》みにかこつけて肩《かた》をかしてもらう！
そして人気《ひとけ》のないあたりまで送《おく》ってもらったら…
力《ちから》まかせに暗《くら》がりに連《つ》れ込《こ》んで…
押《お》し倒《たお》す!!!!

たたたたた
たつきちゃん!!
ぼだぼだ
ぼだだ
だーいじょうぶ！あんたなら乳《ちち》でも掴《つか》ましゃむこうから襲《おそ》ってくるって！
そしたら全部《ぜんぶ》むこうのせい！
乳…
しかし…来《き》たばっかりの転入生《てんにゅうせい》と早《はや》くも仲良《なかよ》くなるとは…
一護《いちご》のヤツも意外《いがい》とやるなあ…
あ・でも仲良《なかよ》くって言《い》っても一緒《いっしょ》に公園《こうえん》にいただけだよ？
あんた一護《いちご》と2人《ふたり》で公園《こうえん》行《い》ったことある？
あたしゃゲーセンなら何回も行ったが…
あたしが…黒崎《くろさき》くんと…
…2人《ふたり》で公園《こうえん》…
ポッ
オホホホホホ
アハハハハハ
おーーい！井上《いのうえ》ーーー!!
黒崎《くろさき》く〜〜〜ん!!
よーし井上《いのうえ》！あそこのシーソーまで競争《きょうそう》だ！
すごいわ！シーソーと競争《きょうそう》をカケてるのね！さすが黒崎《くろさき》くん！
OK《オーケー》よ！
よーーい…
どんっ!!

5001
!!

TYRANO井上
あぶなーい!!
逃《に》げて! 逃《に》げるのよ あたし!! いや チャンプ!!
何《なに》!?
何《なに》がどうなったの!? 公園《こうえん》でデートする妄想《もうそう》してたんじゃないの!?
びくぅ!
!!
な……
何《なに》? 今《いま》の…
──音《おと》…

ああっ！エンラクが落《お》ちてきた！
大丈夫《だいじょうぶ》!? エンラク!!
なんだ ヌイグルミか…びっくりした…
ていうか円楽《えんらく》…？
あああっ!!
ひどい～～！なんで こんな裂《さ》けてるの～!!
うおっ
スゲー
布《ぬの》が寿命《じゅみょう》だったんじゃない？
そんなあ～～～……
ヌル…
…何《なに》これ……？
なんか…
─血《ち》…
…みたいな…

ちょっ…
ちょっと! 何《なに》!? どうしたの 織姫《おりひめ》!!
何《なに》が…

虚《ホロウ》は……
肉親《にくしん》を襲《おそ》う!?
そうだ！
なんでだよ！
虚《ホロウ》ってのはハラ減《へ》って魂喰《たましいく》うんだろ！無差別《むさべつ》なんじゃねーのかよ！
無差別《むさべつ》に人間《にんげん》や他《ほか》の霊魂《れいこん》を襲《おそ》うのは…
すでに肉親《にくしん》を喰《く》い殺《ころ》した虚《ホロウ》だ。
……な……
それともう一《ひと》つ

虚《ホロウ》はハラを空《す》かせて魂《たましい》を喰《く》らうのではない
苦痛《くつう》から逃《のが》れるために魂《たましい》を喰《く》らうのだ
虚《ホロウ》というのは「堕《お》ちた魂《たましい》」だ
死神《しにがみ》にソウル・ソサエティへと導《みちび》かれなかった魂《たましい》
とりこぼされた魂《たましい》
虚《ホロウ》から守《まも》ってもらえなかった魂《たましい》
それらが堕《お》ち中心《こころ》を亡《な》くして虚《ホロウ》となる
そして
虚《ホロウ》となった魂《たましい》は亡《な》くした中心《こころ》を埋《う》めるため
生前《せいぜん》最《もっと》も愛《あい》したものの魂《たましい》を求《もと》めるのだ
よく夫《おっと》が死《し》んだ数年後《すうねんご》に後《あと》を追《お》うように倒《たお》れる妻《つま》の話《はなし》などを耳《みみ》にするだろう
あれは虚《ホロウ》となった夫《おっと》に魂《たましい》を喰《く》われた妻《つま》の姿《すがた》だ

………
…昼間《ひるま》・井上《いのうえ》に会《あ》ったとき
足《あし》に大《おお》きな痣《あざ》があったろう
あれは虚《ホロウ》が摑《つか》んだ跡《あと》だ
!
だから私《わたし》はおまえに訊《き》いたのだ「あいつに家族《かぞく》はいるのか？」と
おまえは言《い》ったな「年《とし》のはなれた兄貴《あにき》が一人《ひとり》」
おまえの言《い》う通《とお》り奴《やつ》の肉親《にくしん》が　その「年《とし》のはなれた兄貴《あにき》」一人《ひとり》ならば
間違《まちが》いない
狙《ねら》われるのは井上《いのうえ》だ!!

ぱたたっ
…な…
なに!? 何《なん》だよコレ…?
なんで血《ち》が…
一体《いったい》なにが…
おき………
ぐ………

ドン
…な…何《なに》……!?
何《なに》がどうなってるの…!?
このでっかいオバケみたいなの…なに…?
あたしの体《からだ》…あんなとこにある…
あたし…一体《いったい》どうなっちゃったの…?

…死《し》んだのかな あたし…
…頭《あたま》が くらくらする…
ジャリ…
この鎖《くさり》… …何《なん》だろ…?
すごく… …苦《くる》しい…
…ち…
…ちぎっ ちゃい たい…
ふ
うッ
!
…うあ……っ
たつきちゃん…!!
…そうだ…あたし… …なにボーッと してるんだろ…

た…助《たす》けなきゃ…！
えい!!
べしゃっ
ぶはっ
えほっ
はあっ
た…
たつきちゃん大丈夫《だいじょうぶ》!?
にげて！今《いま》のうちに！
はあっ
は……
たつきちゃん！
どうしたの！きこえないの!?
…ムダだよ織姫《おりひめ》…

彼女《かのじょ》には俺《おれ》たちの声《こえ》はおろか…
姿《すがた》を見《み》ることもできないよ…
——どうして…
…あたしの名前《なまえ》…知《し》ってるの…
……
…俺《おれ》の声《こえ》も忘《わす》れたのか…
…悲《かな》しいな織姫《おりひめ》!!

……黒崎《くろさき》……
……くん……？

…………
…邪魔《じゃま》する気《き》か…!
…悪《わり》イが…
…それが死神《オレ》の仕事《しごと》なんでね…
井上《いのうえ》を殺《ころ》したけりゃ…
先《さき》に俺《おれ》を殺《ころ》すんだな!

オリとメん家はアパートです。
こっちはマド側。
202が井上邸。

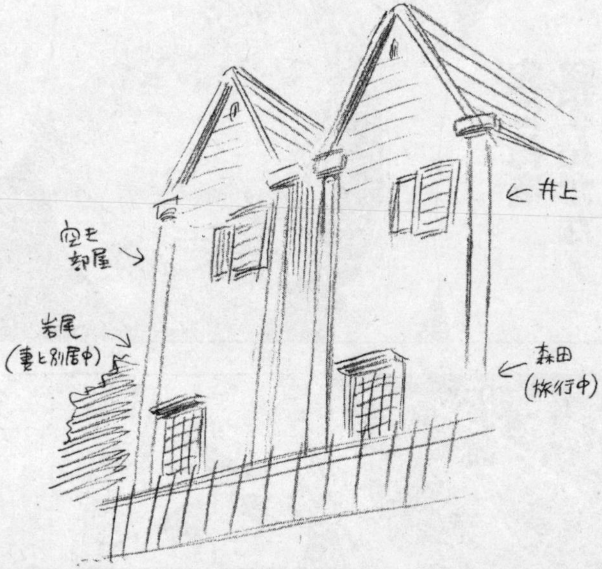

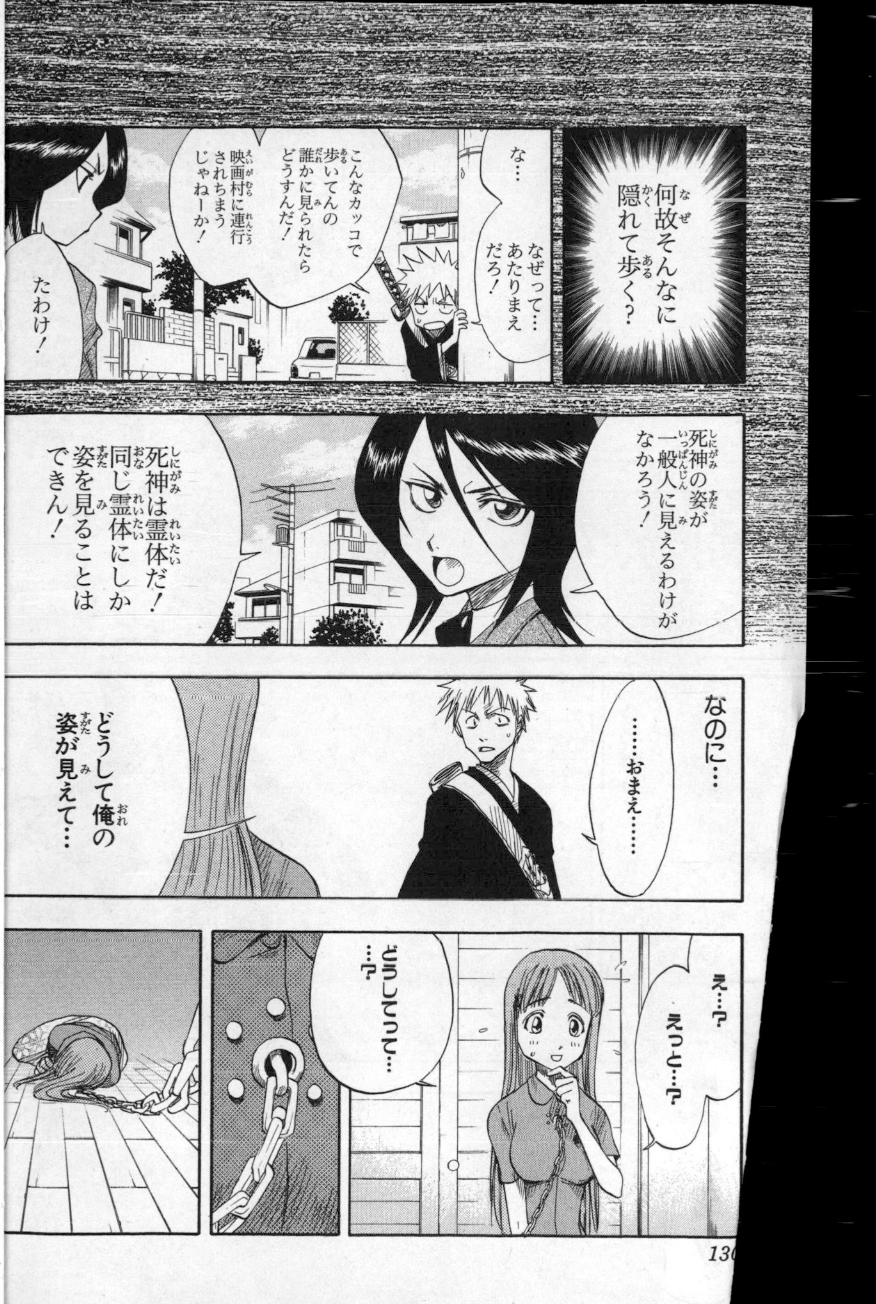
何故《なぜ》そんなに隠《かく》れて歩《ある》く？
な…
なぜって…あたりまえだろ！
こんなカッコで歩《ある》いてんの誰《だれ》かに見《み》られたらどうすんだ！映画村《えいがむら》に連行《れんこう》されちまうじゃねーか！
たわけ！
死神《しにがみ》の姿《すがた》が一般人《いっぱんじん》に見《み》えるわけがなかろう！
死神《しにがみ》は霊体《れいたい》だ！同《おな》じ霊体《れいたい》にしか姿《すがた》を見《み》ることはできん！
なのに…
……おまえ……
どうして俺《おれ》の姿《すがた》が見《み》えて…
え…？えっと…？
どうしてって…？

BLEACH
ブリーチ
the story of the "BLEACH"
number
5
"Don't Say To Your Sister"
BAD POP
SUPERFUNK
nice vibe
Death Romantic
METAL BOUND BLAST
"the BLEACH" are (l to r.)
Rukia Rotwood
Jotcape-15
Vega Highwell

5.Binda・blinda
バインダ・ブラインダ

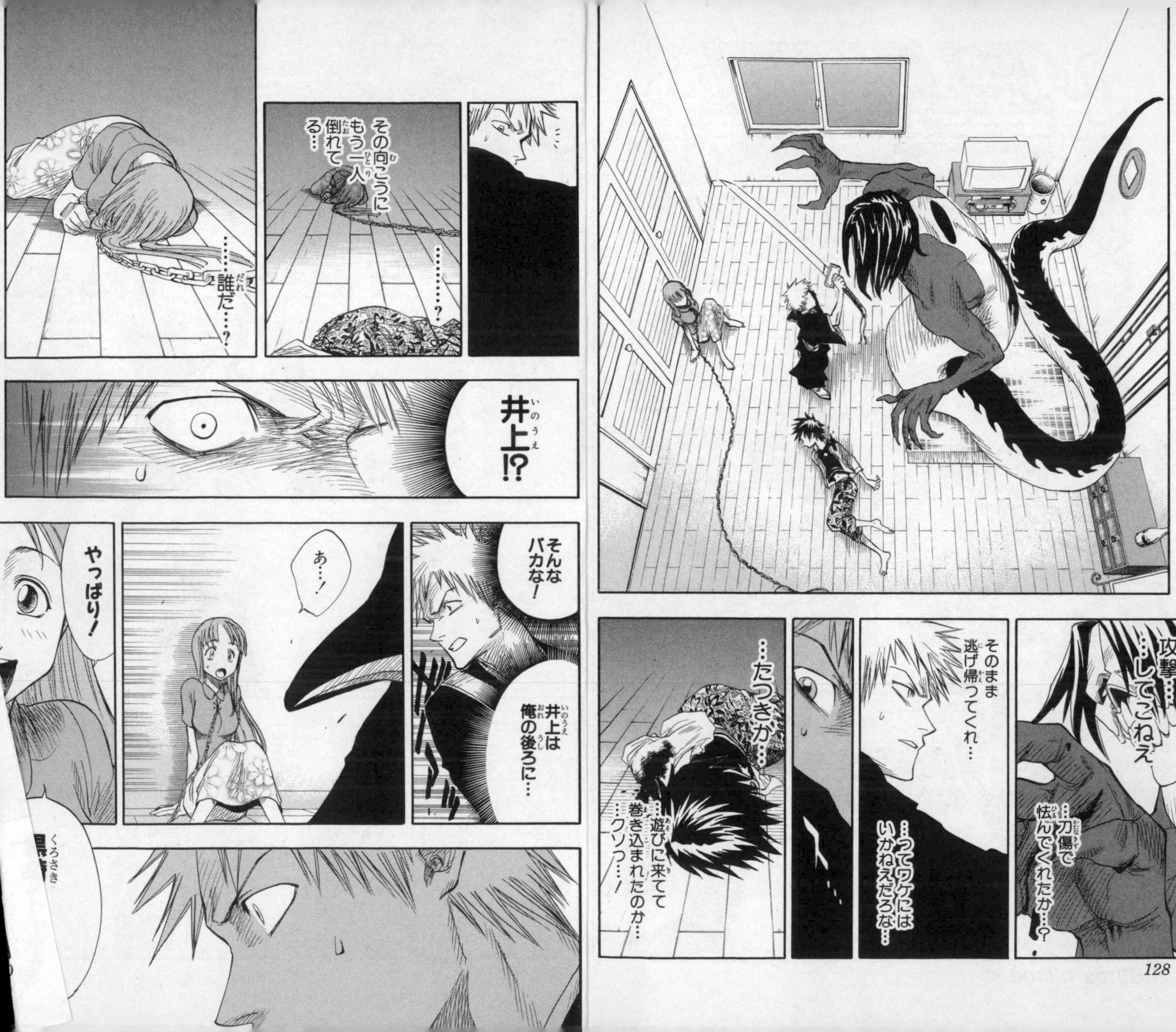
攻撃《こうげき》…してこねえ
…刀傷《かたなきず》で怯《ひる》んでくれたか…?
そのまま逃《に》げ帰《かえ》ってくれ…
…ってワケにはいかねえだろうな…
…たつきか…
…遊《あそ》びに来《き》てて巻《ま》き込まれたのか…
…クソっ…!
……?
その向《む》こうにもう一人《ひとり》倒《たお》れてる…
……誰《だれ》だ…?
井上《いのうえ》!?
そんなバカな!
井上《いのうえ》は俺《おれ》の後《うし》ろに…
あ…!
やっぱり!
くろさき

決《き》まっているだろう
そいつが魂《たましい》だからだ!!
残念《ざんねん》だったな
織姫《おりひめ》はもう——
死《し》んだ!!

!
鱗《うろこ》…!?
刃《は》が通《とお》らね…
!

くそ…っ
威勢《いせい》のいい
セリフを
吐《は》いた割《わり》には…
どうした……
随分《ずいぶん》と動《うご》きが
鈍《にぶ》いじゃないか…

そんなに……
キチ…
織姫《おりひめ》の魂《たましい》が体《からだ》から抜《ぬ》けていたことがショックか…?
なァ!?
黒崎一護《くろさきいちご》!!
!!
ツうア…っ!?

一護《いちご》!!
ガラ…
く……
黒崎《くろさき》く…

は…
放《はな》してよ…!
放《はな》して…!
黒崎《くろさき》くんが…
がじっがじ
はなしてって…
……織姫《おりひめ》
本当《ほんとう》に…
俺《おれ》を忘《わす》れてしまったのかい…?
俺《おれ》だよ…!
織姫《おりひめ》…!!
…お…

お兄《にい》ちゃん…!?
一護《いちご》っ!!
起《お》きろ! 一護《いちご》!!
う…
…うるせえな
起《お》きるなり何《なん》だ その言《い》い草《ぐさ》は!?
ハデにやられおって! 一体《いったい》どうした!?
別《べつ》に…
ただ今《いま》までの連中《れんちゅう》とちょっと違《ちが》ってて意表《いひょう》をつかれただけだ
…そうか
それならいいが…
…忘《わす》れるなよ
貴様《きさま》が負《ま》ければ…
井上《いのうえ》の魂《たましい》は奴《やつ》に喰《く》われてしまうのだぞ!

ホ……
ホントに……
お兄《にい》ちゃん……
……なの？
……ああ
そうだよ
織姫《おりひめ》
やっぱり
忘《わす》れてなんか
いなかっ
…
どうして…？
どうして……
黒崎《くろさき》くんや
たつきちゃんに
ひどいこと
するの…？
どうして
…！
どうして…？
決《き》まってるだろう？
あの二人《ふたり》は……
俺《おれ》とおまえの間《あいだ》を
引《ひ》き裂《さ》こうと
したからだよ！

え…？
俺《おれ》が死《し》んでからというもの…
おまえは毎日《まいにち》俺《おれ》の為《ため》に祈《いの》ってくれていたね…
俺《おれ》はずっと見《み》ていたんだよ……
嬉《うれ》しかった… とても…
俺《おれ》は死《し》んでしまったけれど……
おまえのその祈《いの》りだけで全《すべ》てが救《すく》われる気《き》がしていた…
だけどそれから一年《ねん》ほどして
おまえはあの女《おんな》と友達《ともだち》になった
その頃《ころ》からおまえが…
俺《おれ》の為《ため》に祈《いの》る回数《かいすう》は目《め》に見《み》えて減《へ》っていったんだ…！

――――…！
そしておまえは高校《こうこう》に入《はい》り…
黒崎一護《くろさきいちご》があらわれた
おまえはついに――――
俺《おれ》の為《ため》に祈《いの》ることをしなくなった!!
出《で》かける前《まえ》も帰《かえ》ってきた後《あと》も
俺《おれ》の前《まえ》で話《はな》すことはクロサキのことばかりだ…！
つらかった…

おまえの心《こころ》から…
日毎《ひごと》に俺《おれ》の姿《すがた》が消《き》えていくのを見《み》るのは…！
ち……
ちがうよお兄《にい》ちゃん！ それは…
俺《おれ》は淋《さび》しかった…！
淋《さび》しくて淋《さび》しくて
何度《なんど》もおまえを…
殺《ころ》……

…ッ
く…ッ
黒崎《くろさき》くん!!
さあ…
一緒《いっしょ》に行《い》こう
織姫《おりひめ》…
俺《おれ》と
いっしょに…
また あの頃《ころ》のように
二人《ふたり》だけで暮《く》らそう…
……どうして?
淋《さび》しかったなら
そう言《い》ってくれれば
いいのに…
どうしてこんな…
黒崎《くろさき》くんや
たつきちゃんを
キズつけたり
するの…
どうして…

あたしの
お兄《にい》ちゃんは…
こんなこと
する人《ひと》じゃ
なかったのに…！
んっ…
俺《おれ》をこんなにしたのは
誰《だれ》だと思《おも》ってるんだ…!!
ツあ…
お前《まえ》だろう
織姫《おりひめ》…！
殺《ころ》してやる…！
殺《ころ》してやる…
殺《ころ》してやる
殺《ころ》してやる
殺《ころ》してやるぞ!!

…兄貴《あにき》ってのが…
どうして一番最初《いちばんさいしょ》に生《う》まれてくるか知《し》ってるか…？
後《あと》から生《う》まれてくる…
弟《おとうと》や妹《いもうと》を守《まも》るためだ!!

兄貴《あにき》が妹《いもうと》に向《む》かって〝殺《ころ》してやる〟なんて…
死《し》んでも言《い》うんじゃねェよ!!
黒崎《くろさき》くん…!
う…
おおおおオオオオオオ…!!
なぜだ!!
なぜ邪魔《じゃま》をする黒崎《くろさき》一護《いちご》オ!!

一護の…たわけめっ
玄関の…カギぐらい…あけて…おけっ

6. microcrack.《マイクロクラック》

俺《おれ》が15歳《さい》の時《とき》に
生《う》まれた妹《いもうと》
それは
妹《いもうと》というより
娘《むすめ》に近《ちか》かつた
母親《ははおや》は淫売《いんばい》
父親《ちちおや》は悪魔《あくま》
子供《こども》が泣《な》いたら
泣《な》き止《や》むまで
殴《なぐ》り続《つづ》ける
そういう連中《れんちゅう》
俺《おれ》は奴等《やつら》から
隠《かく》れるようにして
妹《いもうと》の世話《せわ》を
しつづけた
そして
18の3月《がつ》
俺《おれ》は
3歳《さい》になつた
その妹《いもうと》を連《つ》れて
その家《いえ》を
逃《に》げ出《だ》したんだ

それ以来《いらい》ずっと！
俺達《おれたち》は二人《ふたり》で生《い》きてきた！
二人《ふたり》きりで！
ずっと！
織姫《おりひめ》を育《そだ》ててきたのは俺《おれ》だ!!
織姫《おりひめ》を守《まも》ってきたのは俺《おれ》だ!!
俺《おれ》のものだ！
誰《だれ》にも渡《わた》しはせん!!
まして黒崎一護《くろさきいちご》!!
おまえなどに…

渡《わた》すものかァ!!
お兄《にい》ちゃん!!
ふざけんなよ…
井上《いのうえ》は井上《いのうえ》だ
誰《だれ》のモノとか…そんなんじゃねえだろ…!
俺《おれ》のものだ!
俺《おれ》は織姫《おりひめ》の為《ため》に生《い》きた!!
すべて!!
だが織姫《おりひめ》は!
俺《おれ》の為《ため》に生《い》きてはくれない!!
ならばせめて…

俺《おれ》のために
死《し》ぬべきだ！
やめろ!!

BLEACH
ブリーチ
6. microcrack.《マイクロクラック》

パタタッ
パタッ
…井上《いのうえ》……

……織《おり》……
……姫《ひめ》……？
……ごめんね……
お兄《にい》ちゃん……
あたし…
…お兄《にい》ちゃんに
聞《き》いて欲《ほ》しかったの…

学校《がっこう》であった楽《たの》しいこと
好《す》きなこと
好《す》きなもの
好《す》きな人《ひと》たち…
最初《さいしょ》のころはあたし毎日祈《まいにちいの》ってばかりだった…
…でもそれじゃいけない・って思《おも》ったの
あたしが悲《かな》しんでるところばっかりお兄《にい》ちゃんに見《み》せちゃいけないって…
それじゃお兄《にい》ちゃんが心配《しんぱい》しちゃうから・って…
だから見《み》せたかったの!
あたしは幸《しあわ》せです!
だから心配《しんぱい》しないで・って!

けど…
それがお兄《にい》ちゃんを淋《さび》しくさせてたなんて…
あたし全然《ぜんぜん》…気付《きづ》かなかった…
ズ…
…お兄《にい》ちゃん…
淋《さび》しくさせてごめんなさい…
…だいすきだよ…
織《おり》……
井上《いのうえ》!!
ザッ
狼狽《うろた》えるな!
そいつはまだ助《たす》かる!!

ルキア…
胸《むね》の「因果《いんが》の鎖《くさり》」がまだ切《き》れていないだろう！
そいつが肉体《にくたい》と繋《つな》がっているうちは魂魄《こんぱく》自体《じたい》が死《し》ぬことはない！
私《わたし》の鬼道《きどう》でまだ助《たす》けられる！
織姫《おりひめ》…
織姫《おりひめ》…
治療《ちりょう》の邪魔《じゃま》だ退《さ》がれ！
ああ…俺《おれ》は本当《ほんとう》は気付《きづ》いていたんだ織姫《おりひめ》…
おまえが俺《おれ》を心配《しんぱい》させないために祈《いの》るのをやめたんだってことを…
でも…
それでも祈《いの》っていて欲《ほ》しかったんだ…
俺《おれ》のために祈《いの》ってくれている間《あいだ》だけは…
おまえの心《こころ》は俺《おれ》だけのものだったから…
―あんた…
一体《いったい》何《なに》見《み》てたんだよ…

あいつのヘアピン…あれ・あんたからのプレゼントなんだろ？
井上《いのうえ》・言《い》ってたぜ
お兄《にい》ちゃんが初《はじ》めてくれたプレゼントだ・って
だから毎日《まいにち》つけてるんだ・ってな
──同《おな》じなんだよ
死《し》んだ奴《やつ》も残《のこ》された奴《やつ》も
──どっちも同《おな》じだけ淋《さび》しいんだ…！

自分一人《じぶんひとり》だけ淋《さび》しがってるなんて…
そんな勝手《かって》なこと思《おも》ってんじゃねえよ…！
―――気付《きづ》かなかった…
…あのヘアピン…
…捨《す》てたものだとばかり思《おも》ってたよ…
ズル…
ズルッ…
お…おい…
どこ行《い》く…
…な…

あんた…!
何《なに》して…
…いいんだ
このままでいても
俺《おれ》は
きっと
いずれまた自分《じぶん》を失《うしな》って
織姫《おりひめ》を襲《おそ》う
だから
今《いま》
少《すこ》しでも
正気《しょうき》を保《たも》って
いる間《あいだ》に
消《き》えて
おきたい
んだ…
何《なん》で
そんな…
なにも…
一護《いちご》!
そいつの判断《はんだん》は
正《ただ》しい
一度《いちど》 虚《ホロウ》になったものは
二度《にど》と元《もと》には戻《もど》らぬ!
そのまま
消《き》えさせてやれ
ルキア…!
…案《あん》ずるな

虚《ホロウ》を〝斬《き》る〟ということは〝殺《ころ》す〟ということではない
罪《つみ》を洗《あら》い流《なが》してやるということだ
斬魄刀《ざんぱくとう》で斬《き》ることで罪《つみ》を洗《あら》い流《なが》し…ソウル・ソサエティへと行《い》けるようにしてやるのだ
そのために…
我々死神《われわれしにがみ》がいるのだからな
…それじゃ
…さよならだ織姫《おりひめ》…
……ずっと……

ずっと　言《い》いたかった言葉《ことば》があるの
あの日《ひ》お兄《にい》ちゃんが買《か》ってきた花《はな》のヘアピンが
なぜだか あたしは無性《むしょう》に気《き》に入《い》らなくて
あたしはお兄《にい》ちゃんと
生《う》まれて初《はじ》めてケンカをした
初《はじ》めて一言《ひとこと》も喋《しゃべ》らずにごはんを食《た》べ初《はじ》めて壁《かべ》の方《ほう》を向《む》いて眠《ねむ》り
そして
いつも あたしより早《はや》く仕事《しごと》に出掛《でか》けるお兄《にい》ちゃんを
初《はじ》めて何《なに》も言《い》わずに送《おく》り出《だ》した
なぜ　あの日《ひ》でなければならなかったのだろう
言《い》っていればどうなったわけでもない
だけどあたしは
言《い》わなかったことをずっとずっと後悔《こうかい》してた…

…お兄《にい》ちゃん…
……いってらっしゃい……

……行《い》っちまったな
うん……
傷《きず》は？
あ・うん もう殆《ほとん》ど…
そ…
それより黒崎《くろさき》くん！
あたし色々《いろいろ》ききたいことが……
ズッ
チキッ!
あるんっ!!

ぱたっ
ピシュヨー
井上《いのうえ》ッ⁉
な…何《なに》したテメェ⁉
記憶置換《きおくちかん》だ！
今夜《こんや》の事件《じけん》の記憶《きおく》を消《け》して
代替記憶《だいたいきおく》を入《い》れておいた
他言されるとメンドウだからな。
キオクチカン…？
そうだ
まァ入《い》れ替《か》わる記憶《きおく》がランダムなのがタマにキズだが…
…っと・
コイツは見《み》えてるワケはないが一応喰《いちおうく》らわせとくか
……？
ランダム…？
わからなければ明日《あす》まで待《ま》て！
ボンッ
かふっ!!
ピシュヨー
本当《ほんとう》だってば!!
ホントに部屋《へや》に横綱《よこづな》が来《き》てテッポウで壁《かべ》に穴《あな》あけたの!!

変自論
まーた アンタは そういうコトを…
おりひめェ…
イヤ…まあ あたしはヒメのそういうヤンチャな脳《のう》ミソも好《す》きだけどさ…
ホントだって! ね! たっきちゃん!
あ… う…うん
うえ〜〜〜
たつきまで そんなこと言《い》うのオー!?
…なるほど こういうコトか
うむ!
おまえアレ・こないだウチの連中《れんちゅう》にも使《つか》ったろ
ああ 使《つか》った使《つか》った
な? よく効《き》いていただろう?

呪《のろ》いのインコぉ!?
7. The Pink Cheeked Parakeet《ザ・ピンク・チークト・パラキート》
イヤ それがさ
なんか コイツ飼《か》ってる奴《やつ》 みんなヒデェ目《め》にあって 死《し》んじゃうんだってさ
それでスグ他《ほか》の人《ひと》の手《て》に渡《わた》るんだと
ナニ?そんで回《まわ》り回《まわ》ってオマエんとこ来《き》たの?
もぞもぞ
そーなんだよ…
俺《おれ》 怖《こわ》くってさ…
シゲオ いらねえ?
工事中
今《いま》の話《はなし》きいて欲《ほ》しがるワケねーだろ!
ボケ!
チャドさん どーすか?
カワイイっすよ ホラ♡
バカ! やめろよ チャドは そういうカワイイのには弱《よわ》…
ベギッ

…な…
!!
ドズン

ずごごごごご
チャ…チャチャチャチャチャドさん!?
鉄材《てつざい》 背中《せなか》で受《う》け止《と》めてる!?
ず———ん
だっ…大丈夫《だいじょうぶ》かよチャド!?
ムチャクチャだこいつ!!
…ム・
…なんともない
何《なん》ともないって お前《まえ》 血《ち》ィ出《で》てるぞっ!!!
だらだら
タスケテ クレテ アリガトウ
ボクノナマエハ シバタ ユウイチ
オジサンノ ナマエハ?
な…何《なん》だよこいつ…
まるで状況《じょうきょう》がわかってて喋《しゃべ》ってるみたいじゃ…
さ…茶渡泰虎《さどやすとら》…
わあっ! チャドが興味《きょうみ》持《も》っちまった!
…15歳《さい》だ
まだ…

THE EXTRAORDINARY
HORROR SHOW
ALL NIGHT $19.9
OUR FIELD!
KUROSAKI FAMILY ONLY
BEYOND THIS POINT
IT'S VERRRY DANGEROUS!!
BLEACH
ブリーチ
7. The Pink Cheeked Parakeet《ザ・ピンク・チークト・パラキート》

しっかしま——
キレイに傷《きず》がふさがるモンだよな——
今更《いまさら》驚《おどろ》いたか
当然《とうぜん》だ私《わたし》の鬼道《きどう》の成績《せいせき》はトップクラスだったのだからな
その程度《ていど》の傷《きず》の治療《ちりょう》など朝飯前《あさめしまえ》だ
…成績《せいせき》？何《なん》だ？死神《しにがみ》って学校《がっこう》があるのか？
ん？ん・まあそんなところ…
ゴソゴソ
それより一護《いちご》…
これはどうやって飲《の》むのだ？
あ？
どうってストローさしてにきまってんだろ
ストロー？
あれぇ!?

また いっしょにいる。
キミたち ずいぶん 仲《なか》いいんだねぇ
水色《みずいろ》。
これがストロー…
アホ これが 仲《なか》いいように 見《み》えるか?
ちがうの?
まあ キミが否定《ひてい》するなら 別《べつ》にいいけどさ
なんていうか一護《いちご》 もうちょっと 周《まわ》りの目《め》とか 気《き》にした方《ほう》がいいよ?
ホントそういうのウトいんだから
アホか 俺《おれ》が周りの目《そんなもん》 気《き》にしてたら とっくに髪《かみ》の毛《け》 黒《くろ》く染《そ》めてんだろ
それも そだね
これと… どこに さすのだ…?
こんにちは 朽木《くちき》さん!
こんにちは えっと…
小島《こじま》くん…?
あったり!
まだ ちゃんと 自己紹介《じこしょうかい》してないのに 憶《おぼ》えててくれたんだね

小島水色《こじまみずいろ》15歳《さい》！
よろしくね♡
趣味《しゅみ》は
女《おんな》あさりだ。
ええッ!? ちっ…違《ちが》うよ ひどいなぁ!!
こんな顔《かお》して もンのすごい タラシだぞ
気《き》をつけろ
やめてよ イメージ 悪《わる》くなる じゃないか
ぼくは 年上《としうえ》の女性《じょせい》にしか 興味《きょうみ》ないの！
同年代《どうねんだい》の女《おんな》の子《こ》に とっては 安全《あんぜん》な子《こ》 なんだからね！
だから 気《き》をつけろって 言《い》ったんだろ
15歳《さい》。
え？
15歳《さい》。
ものすごい年上《としうえ》。
イヤ なんでも ね——
お——す
いっしょして イイっスか ——
お—— ケイゴ
あれ？ チャド 来《き》てねーの？
イヤ？
そういえば 見《み》てないね
おっかしーな ドコ行《い》ったんだ あいつ？

ややっ！
そこにあるは
美少女転入生《びしょうじょてんにゅうせい》の
朽木《くちき》さん!!
どーん
どうして
ここに!?
一護《いちご》が
口説《くど》き落《お》として
連《つ》れてきたんだよ
バッ…
ちが…
なにィ!?
一護《いちご》てめぇ!!
グッジョブ!!
ビッ
お…
おう…
泣くほどうれしいが…
こんにちは
えーっと…
はじめまして
浅野《あさの》ツス!!
このムサ苦《くる》しい
男《おとこ》の園《その》へ
ようこそ!!
さあっ!!
今日《きょう》の昼《ひる》メシは
パーティーだぞ!!
コーヒー牛乳《ぎゅうにゅう》と
やきそばパンで?
うるせィ!!
私《わたし》は…
というかこのストローというやつはみじかすぎないか?
いつになったら
このジュースと
いうやつを
飲《の》めるのだろう…
おうッ!?

つ痛《て》ーな!!
なにす…
…る……
よ────
黒崎《くろさき》
お…ッ
大島《おおしま》…!
停学《ていがく》
とけたのか…
オメーにゃ
話《はな》してねーよ
黒崎《くろさき》テメー
いつになったら
頭《あたま》ソメて
来《く》ンだよ
ぐいっ
ず
髪《かみ》ソメてて
タレ目《め》って
俺《おれ》とキャラ モロカブリ
なんだよテメー
ヒヨ…っ!!
ウルセーな
コレは地毛《じげ》だって
何回《なんかい》言《い》わせんだよ
ていうか
キャラも
カブってねー
もぐ もぐ
テメーの方《ほう》こそ
どうにかしろ
このヒヨコヘッド
オスメス
調《しら》べられ
てーか
ヒヨコ…
てめえ…

まーまー
まーー
やめよ
ケンカは！
な!!
どけ
浅野《あさの》!!
そのボケ
ブッ殺《ころ》して
やる！
イヤマジ
カンベンして
くれって！
大島《おおしま》が強《つ》えーの
知《し》ってる
からさ！
俺《おれ》ら大島《おおしま》にゃ
勝《か》てねーよ
な！
バカ
言《い》うな
そんなヒヨコより
俺《おれ》のが
1000倍《ばい》強《つ》えー!!
てめぇ!!
一護《いちご》おっ!!
止めよーと
してんのにィ!!
フ…
やっぱりな…
テメーとは いつか
決着《ケリ》つけなきゃ
なんねーとは
思《おも》ってたんだ…
ちょうど
いい…
今《いま》ここで
ハッキリと
…
白黒《しろくろ》つけて
やるれ!!
メ…
メリケンサック
…!
まてよ大島《おおしま》！
そんな
キレなくても…
ていうか今《いま》
「やるれ!!」って
言《い》った…
「やるれ」…
なんで誰《だれ》も
ツッコまないん
だろう…
気になる…

へへ…
ガシッ
今《いま》さら謝《あやま》っても遅《お》せえ…
ぜ…？
おぶッ！
おべべべべお
ぱふ!!
レイちゃん!!
だからヤメようって言《い》ったのに…レイちゃーん!!
…チャ…

チャド…！
ム…
あんまムチャすんなよ大島《おおしま》死《し》ぬぞ？まあ助《たす》かったけどさ
ム…
ケガ…
…してるな？どうしたんだ？
…昨日《きのう》…頭《あたま》のは鉄骨《てっこつ》が上《うえ》から落《お》ちてきて…
てっ…鉄骨《てっこつ》!?
手《て》とかのはさっきパン買《か》いに出《で》た時《とき》に…
…オートバイと正面衝突《しょうめんしょうとつ》した
何《なに》してんだテメーは!?

で…バイクの人《ひと》が重傷《じゅうしょう》だったから…
病院《びょういん》までおぶって行《い》ってた…
そ…
それで遅《おそ》かったのか…
ていうか相変《あいか》わらずなんつーカラダしてんだよ
アイアンボディーめ。
ギ…ッ
ガシャ…
お？何《なん》だその鳥《とり》？
インコかァ？
コンニチハ！ボクノ ナマエハ シバタ ユウイチ！
オニイチャンノ ナマエハ？
おおーっ！スゲエ！メチャメチャ達者《たっしゃ》に喋《しゃべ》るなあコイツ！
俺《おれ》の名前《なまえ》はアサノケイゴ！
言《い》ってみ？アサノ！
……！

チャド…
ニックネームはユアン・マクレガーだ!!
…いちいちツッコまなくてもいい!?
あのインコはどこで…?
…昨日《きのう》…
…………
…もらった。
コラァ!!
オマエ今《いま》途中《とちゅう》メンドいからハショッたろ!!
悪《わる》いクセだ! ちゃんと言《い》え ちゃんと!
ハ…ハショってない…!
いーやハショッたね!
…………
案《あん》ずるな。
確《たし》かに何《なに》か入《はい》ってはいるが悪《わる》いものではない
淋《さび》しがっているだけの霊《れい》だろう
ただこのまま放《ほう》っておいては何時《いつ》虚《ホロウ》になるやも知《し》れん
今夜《こんや》あたり魂葬《こんそう》に向《む》かった方《ほう》が良《よ》いだろうな

…りょーかい…
…まーた睡眠時間《すいみんじかん》ケズられるのか…
文句《もんく》を言《い》うな！
へーへー
…しかし…
霊《れい》の気配《けはい》で即座《そくざ》に他人《たにん》の心配《しんぱい》までするようになったか…
此奴《こいつ》にも少《すこ》し…死神《しにがみ》の心構《こころがま》えが備《そな》わってきたかな…

クロサキ医院
どいてどいて
おにいちゃーん!!
どうした遊子《ユズ》?
何《なに》あわててー
黒崎家 今月の家訓
ダ ダ ダ ダ
はいよォ
ジャマジャマ!!
ガーーッ
クロサキ
な…
何《なん》のさわぎだ
こりゃ!?
事故《じこ》!!
ソコの十字路《じゅうじろ》で
交通事故《こうつうじこ》が
あったの!!

交通事故《こうつうじこ》…
あァ!?
だから4台《だい》だって さっきから 言《い》ってんだろ!
そんなに 受《う》け入《い》れられねえ だあ!? 何《なん》とかしろ!!
ウチじゃ 応急処置《おうきゅうしょち》しか できねーような 患者《かんじゃ》もいんだよ!
ガタ ガタ
いいか! テメーんトコの院長《いんちょう》に 「クロサキからの要請《ようせい》だ」 って言《い》え!
そうすりゃ ベッドなんて いくらでも空《あ》きが出《で》る! わかったな!!
クソッ!! トロトロ しやがって 下《した》っ端《ぱ》が!!
ガチャ!
お…
親父《おやじ》……
俺《おれ》もなにか 手伝《てつだ》うこと ねぇ…
ねぇよ!!
ジャマん なんねぇように スミッこで 縮《ちぢ》まってろ!!
…………
無力。
きゃあっ!!

うおッ!?
また こりゃ
デケーのが
来《き》たな!!
ん〜〜〜!
一護《いちご》ォ!
仕事《しごと》だ!
コイツ運《はこ》ぶの
手伝《てつだ》ってくれ!
お…
おう!
ガガガッ
…チャド…!?
…ム…
…一護《いちご》…
…?

うわ…すごいキズ…
──この感覚《かんかく》…！

ひっでーな
こりゃ
ヤケドみたいに
なってるぞ
しかも全体《ぜんたい》から
血《ち》が吹《ふ》き出《だ》して
やがる…
こりゃ
しばらく
おとなしく…
…いえ…
も…
もう…
…大丈夫《だいじょうぶ》ス…
バ…
バカ言《い》え！
その出血《しゅっけつ》で
大丈夫《だいじょうぶ》なわけ
ねーだろ！
コラ!!
ぱたり
そら見《み》ろ！
ユズ！カリン！
ベッドの用意《ようい》だ!!
………
ハーーイ！
おとなしく
ベッドに
行《い》きましょー♪
…ム…

——感《かん》じたか…?
…無論《むろん》だ
この部屋《へや》にいても気付《きづ》いた
鸚哥《インコ》からは何《なに》も感《かん》じなかったが…
奴《やつ》のキズからは…虚《ホロウ》の匂《にお》いがしていた…!
1 THE DEATH AND THE STRAWBERRY(完)

総合出席番号《そうごうしゅつせきばんごう》 13 男子出席番号《だんししゅつせきばんごう》 6	**黒崎一護**	クロサキ・イチゴ

174cm
61kg
AO型
7月15日生

- トップスもボトムスも細身のものが好き。
- 好物はチョコレートと辛子明太子。
- 好きな有名人はマイク・ネスとアル・パチーノ。
- 尊敬する人はウイリアム・シェイクスピア。
- 名前の読み方はIchigo。
最初のiにアクセントが付く。
「越後」と同じイントネーションで。

テーマ・ミュージックは
BAD RELIGION《バッド・レリジョン》
"News from The Front"《ニュース・フロム・ザ・フロント》
「STRANGER THAN FICTION《ストレンジャー・ザン・フィクション》」収録

総合出席番号《そうごうしゅっせきばんごう》	11	朽木ルキア	クチキ・ルキア
女子出席番号《じょししゅっせきばんごう》	6		

144cm
33kg
1月14日生

。フィットした服は苦手。

。高い所に登るのが好き。

。ウサギグッズが好き。

。好物はキュウリと白玉。でも
これから増えるかも。

テーマ・ミュージックは
Ashley MacIsaac《アシュレイ・マクアイザック》
"Wing-Stock《ウイング－ストック》"
「hi how are you today?《ハウ・アー・ユー・トゥデイ》」収録

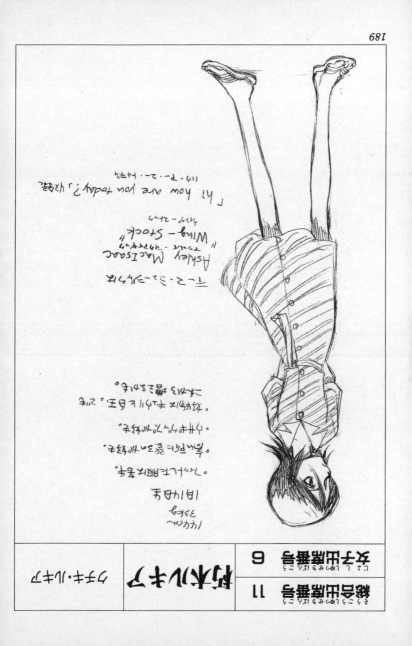

■ジャンプ・コミックス

BLEACH-ブリーチ-

1 THE DEATH AND THE STRAWBERRY

2002年1月10日　第1刷発行
2018年6月23日　第74刷発行

著　者　久　保　帯　人

編　集　株式会社　ホーム社
東京都千代田区神田神保町3丁目29番　共同ビル
〒101-0051
電話　東京　03(5211)2651

発行人　北　畠　輝　幸

発行所　株式会社　集英社
東京都千代田区一ツ橋2丁目5番10号
〒101-8050
03(3230)6233(編集部)
電話 東京 03(3230)6191(販売部)
03(3230)6076(読者係)

Printed in Japan

印刷所　図書印刷株式会社

ISBN4-08-873213-8 C9979